贵州省优秀科技教育人才省长专项资金项目（黔省专合字[2010]13号）

# 贵州高校毕业生就业工作发展模式研究

冯晓宪　冯妤含　著

知识产权出版社
全国百佳图书出版单位

## 图书在版编目(CIP)数据

贵州高校毕业生就业工作发展模式研究 / 冯晓宪，冯妤含著.—北京：知识产权出版社，2015.9

ISBN 978-7-5130-3576-7

Ⅰ.①贵… Ⅱ.①冯…②冯… Ⅲ.①大学生-就业-研究-贵州省 Ⅳ.①G647.38

中国版本图书馆CIP数据核字（2015）第138476号

### 内容提要

本书选择2008—2012年五年内贵州高校毕业生的相关就业数据作为研究对象，在本校就业指导中心老师、高等教育研究所专家的协助下，采用问卷调研方法，对贵州高校毕业生的总体就业情况、各层次毕业生就业情况、毕业生就业城市分布及区域流向、毕业生就业单位分布、毕业生就业期望状况等就业现状进行研究。本书主要内容包括：贵州高校毕业生就业工作的现状与问题；贵州高校毕业生就业工作模式发展的必要性；贵州高校毕业生就业工作发展模式的影响因素分析；贵州省情与贵州高校毕业生就业工作发展模式研究；贵州高校毕业生就业工作模式展望。本书可作为各高校及大学生就业相关部门的参考用书。

责任编辑： 许 波

## 贵州高校毕业生就业工作发展模式研究
GUIZHOU GAOXIAO BIYESHENG JIUYE GONGZUO FAZHAN MOSHI YANJIU

冯晓宪　冯妤含　著

| | | | |
|---|---|---|---|
| 出版发行： | 知识产权出版社有限责任公司 | 网　　址： | http://www.ipph.cn |
| | | | http://www.laichushu.com |
| 电　　话： | 010—82004826 | | |
| 社　　址： | 北京市海淀区马甸南村1号 | 邮　　编： | 100088 |
| 责编电话： | 010—82000860转8380 | 责编邮箱： | xbsun@163.com |
| 发行电话： | 010—82000860转8101/8029 | 发行传真： | 010—82000893 / 82003279 |
| 印　　刷： | 北京中献拓方科技发展有限公司 | 经　　销： | 各大网上书店、新华书店及相关专业书店 |
| 开　　本： | 720mm×1000mm　1/16 | 印　　张： | 13 |
| 版　　次： | 2015年9月第1版 | 印　　次： | 2015年9月第1次印刷 |
| 字　　数： | 190千字 | 定　　价： | 42.00元 |

ISBN 978-7-5130-3576-7

出版权专有　侵权必究

如有印装质量问题，本社负责调换。

# CONTENTS 目录

1 绪论 / 001
    1.1 研究背景及意义 / 001
    1.2 研究方法 / 003

2 贵州高校毕业生就业工作的现状与问题 / 007
    2.1 贵州高校毕业生就业现状分析 / 007
    2.2 贵州高校毕业生就业工作基本思路 / 021
    2.3 贵州高校毕业生就业工作存在的主要问题与原因分析 / 024

3 贵州高校毕业生就业工作模式发展的必要性 / 037
    3.1 当前我国高校毕业生就业工作面临的主要形势 / 037
    3.2 贵州高校毕业生就业工作发展的主要背景 / 043
    3.3 贵州高校毕业生就业工作模式发展的价值与意义 / 048

4 贵州高校毕业生就业工作发展模式的影响因素分析 / 053
    4.1 贵州高等教育结构调整 / 053
    4.2 贵州高校学科专业特点 / 062
    4.3 贵州区域文化心理 / 070
    4.4 贵州高校毕业生就业工作理念 / 075

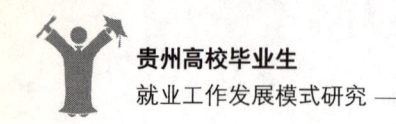

## 5 贵州省情与贵州高校毕业生就业工作发展模式研究 / 081

5.1 贵州经济发展现状与特征 / 081

5.2 贵州的文化特征 / 085

5.3 贵州的区域特征 / 091

5.4 贵州省情下的大学生就业指导 / 095

5.5 贵州省情下的大学生创业教育 / 099

5.6 贵州省情下的高校毕业生就业工作发展模式研究 / 106

## 6 贵州高校毕业生就业工作模式展望 / 119

6.1 引言 / 119

6.2 高校毕业生就业工作模式比较分析 / 120

6.3 关于完善贵州高校就业工作模式的 AHP 分析 / 135

**参考文献 / 147**

**附录 1** 贵州高校毕业生就业工作调查问卷（教师版）/ 151

**附录 2** 贵州高校毕业生就业工作调查问卷（学生版）/ 155

**附录 3** 基于 SPSS 统计软件对高校学生工作老师填写的调研问卷分析 / 158

**附录 4** 基于 SPSS 统计软件对高校毕业班学生填写的调研问卷分析 / 175

# 1 绪论

大学生作为国家重要的人力资源，对于国家的强大和民族的振兴有着重要的意义。随着贵州省高等教育迈入大众化阶段以及在国际金融危机的影响下，贵州省高校大学生就业形势日益严峻，大学生就业问题受到社会的高度关注。研究如何找到一个符合贵州省情的高校毕业生就业工作模式，进而促进贵州高校毕业生就业工作的顺利开展，实现大学生充分有效就业成为政府、高校和学者共同关心的课题。本章将对该课题的研究背景、研究意义及研究方法作出基本说明，为后面的研究奠定良好的基础。

## 1.1 研究背景及意义

近年来，我国高等教育发展迅速，已进入大众化阶段，其规模居世界第一。高等教育规模的扩展既提升了全民族的文化素质又满足了学生及家长对高等教育的旺盛需求。同时高校毕业生数量逐年大幅度攀增，带给高校毕业生就业工作诸多挑战。如何解决高校毕业生的就业问题成为高等教育发展面临的不可逃避的挑战。2008年下半年，全球经济危机爆发，大批国内外企业纷纷裁员甚至倒闭，这给高校毕业生的就业带来了更加严峻的考验。高校毕业生就业工作是民生工程，缓解社会就业压力、做好大学生

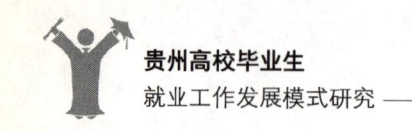

就业工作，是党和国家对高校就业工作的迫切要求，关系到千家万户的切身利益。对高校毕业生就业工作方式进行调整，对高校毕业生就业工作发展模式进行研究成为现实需要，也是历史赋予政府就业工作部门和高校就业工作者义不容辞的社会责任。

健全促进就业创业体制机制。建立经济发展和扩大就业的联动机制，健全政府促进就业责任制度。规范招人用人制度，消除城乡、行业、身份、性别等一切影响平等就业的制度障碍和就业歧视。完善扶持创业的优惠政策，形成政府激励创业、社会支持创业、劳动者勇于创业新机制。完善城乡均等的公共就业创业服务体系，构建劳动者终身职业培训体系。增强失业保险制度预防失业、促进就业功能，完善就业失业监测统计制度。创新劳动关系协调机制，畅通职工表达合理诉求渠道。

党的十八届三中全会以来，作为民生问题中的重要问题，创业、就业问题得到了高度重视。我们始终坚信：在党和国家的领导下，创业带动就业，构建学生创业园区，消除就业歧视，实现就业公平，提高就业工作的效率，通过做好就业工作为经济发展提供重要保障等愿望将会逐步实现。

地处西部少数民族地区的贵州省是我国欠发达、欠开发的省份之一，西部地区的相对贫困落后，使贵州省高校毕业生就业形势更加严峻，更具自身的特点。这给有效服务于贵州省在"十二五"时期的"工业化强省、城镇化带动"战略实施带来了许多障碍。如何更好地根据贵州省情，对贵州省高校毕业生的就业工作理念、方法、内容、目标和模式等进行科学合理调整，帮助高校毕业生有效就业，是贵州省高校毕业生就业工作的重点。因此，进行基于贵州省情的高校毕业生就业工作发展模式研究，对系统解决贵州省高校毕业生就业问题，促进贵州省高校毕业生充分有效就业，推动贵州省高校毕业生就业工作科学发展，推进贵州省高校教育教学改革，促进地区经济社会发展都具有十分重要的理论意义和实践意义。同时，本课题的研究对其他综合性高校的多专业毕业生就业工作的指导和政府对大学生就业的宏观调控也具有重要的参考意义、借鉴意义。

## 1.2 研究方法

本课题主要采用实证研究与规范研究的方法。首先，针对高校毕业班学生和学生工作老师分别设计调研问卷。问卷在征求本校就业指导中心老师、高等教育研究所专家意见的基础上，对初步设计好的两份问卷进行了修改，形成一份针对学生工作老师、一份针对高校毕业班学生的调研问卷。其次，在本校招生就业处老师的帮助下进行问卷发放。本次调研通过本校就业指导中心老师的协助，选取贵阳市的8所本科院校发放问卷（表1-1）。问卷发放1000份，回收936份，其中有效问卷890份，46份无效，回收率为93.6%，问卷有效率为95.08%。再次，运用SPSS（Statistical Product and Service Solutions）统计软件对调查结果进行分析。对于回收的936份问卷（其中有效问卷890份），借助于SPSS 11.5统计软件，对调研问卷进行了交叉分析、频数分析等基本处理和加工，从而在实证研究的基础上进行相关规范研究。一方面基于调研问卷的定量和定性分析结果；另一方面基于对贵州省情和贵州高校毕业生就业工作发展模式的影响因素的详细研究，对如何构建符合贵州省独特省情和高校实际校况的高校毕业生就业工作发展模式的路径模型开展探讨。最后，通过SWOT（Strengths Weakness Opportunity Threats）分析对贵州高校就业工作进行特征凸显，寻找贵州高校就业工作可能的未来路径。并且在毕业生就业工作发展模式的基础上，提出能够完善贵州高校就业工作机制的AHP（Analytic Hierarchy Process）模型。总之，就是要以路径探讨为主，实证研究、SWOT、AHP分析为辅，客观、科学、全面地探索贵州高校就业工作的过去、现在和未来。

表1-1 样本高校分布情况

| 样本高校名称 | 学生问卷份数 | 负责学生工作的老师问卷份数 | 合计 |
| --- | --- | --- | --- |
| 贵州大学 | 330 | 75 | 405 |
| 贵州师范大学 | 55 | 30 | 85 |

续表

| 样本高校名称 | 学生问卷份数 | 负责学生工作的老师问卷份数 | 合计 |
|---|---|---|---|
| 贵州财经大学 | 55 | 30 | 85 |
| 贵阳中医学院 | 55 | 30 | 85 |
| 贵阳医学院 | 55 | 30 | 85 |
| 贵州民族大学 | 55 | 30 | 85 |
| 贵阳学院 | 55 | 30 | 85 |
| 贵州师范学院 | 55 | 30 | 85 |
| 合计 | 715 | 285 | 1000 |

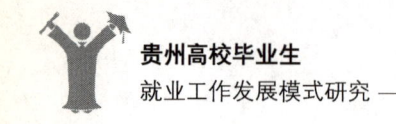

注：学生工作老师包括高校就业指导中心老师、学生处老师、各学院负责学生工作的老师以及学生辅导员。

从表1-2分析可知：在本次被调查的706名高校毕业班学生中，男性学生有398名，占被调查的高校毕业班学生的56.4%；女性学生有308名，占43.6%。

表1-2 样本学生分布情况——性别 * 民族（Crosstabulation分析）

| | | | 您的民族 | | 合计 |
|---|---|---|---|---|---|
| | | | （1）汉族 | （2）少数民族 | |
| 您的性别 | （1）男 | 数量 | 284 | 114 | 398 |
| | | 百分比 | 40.2 | 16.1 | 56.4 |
| | （2）女 | 数量 | 209 | 99 | 308 |
| | | 百分比 | 29.6 | 14.0 | 43.6 |
| 合计 | | 数量 | 493 | 213 | 706 |
| | | 百分比 | 69.8 | 30.2 | 100.0 |

其中被调查的汉族毕业学生共493名，占被调查毕业学生总数的69.8%。男性汉族学生284名，占被调查的毕业学生总数的40.2%；女性汉族学生209名，占被调查的毕业学生总数的29.6%。

其中被调查的少数民族毕业学生共213名，占被调查毕业学生总数的30.2%。男性少数民族学生114名，占被调查的毕业学生总数的16.1%；女性少数民族学生99名，占被调查的毕业学生总数的14.0%。

## 1 绪论

从表 1-3 分析可知：本次被调查的 706 名高校毕业班学生，有 703 名本科学历的学生，占 99.6%（男性：396 名，占 56.1%；女性：307 名，占 43.5%）；有 3 名专科学历的学生，占 0.4%（男性：2 名，占 0.3%；女性：1 名，占 0.1%）。

表 1-3　样本学生分布情况——性别 * 学历（Crosstabulation 分析）

|  |  |  | 您的学历 |  | 合计 |
|---|---|---|---|---|---|
|  |  |  | （1）专科 | （2）本科 |  |
| 您的性别 | （1）男 | 数量 | 2 | 396 | 398 |
|  |  | 百分比 | 0.3 | 56.1 | 56.4 |
|  | （2）女 | 数量 | 1 | 307 | 308 |
|  |  | 百分比 | 0.1 | 43.5 | 43.6 |
| 合计 |  | 数量 | 3 | 703 | 706 |
|  |  | 百分比 | 0.4 | 99.6 | 100.0 |

# 2　贵州高校毕业生就业工作的现状与问题

## 2.1　贵州高校毕业生就业现状分析

　　从 1999 年全国高校扩招以来，我国高等教育由"精英化"教育阶段逐步进入"大众化"教育阶段，全国普通高校招生规模和毕业生规模逐年快速扩大。在这种大背景下，贵州省高等教育也进入了新的发展阶段。1999 年贵州普通高校招生人数和毕业生人数分别约为 2.5 万人、1.1 万人。[1] "十一五"规划时期，贵州省高等教育实现了快速发展的目标，"十一五"规划末年（2010 年）贵州省普通高校招生人数和毕业生人数分别约为 16.6 万人、7.8 万人。[2] 进入贵州省"十二五"规划的第二年（2012 年），贵州省普通高校招生人数和毕业生人数分别约为 18.7 万人、9.2 万人。[3] 从以上数据可知，贵州高校的招生数量和毕业生数量逐年攀升。但是 2008 年下半年，受国际金融危机的影响，大批企业纷纷裁员甚至倒闭，给高校毕业生的就业带来了严峻的考验。贵州高校毕业生的就业也不可避免地受到影响，呈持续上升趋势的高校毕业生初次就业率在 2008—2009 年出现明显的下降，贵州高校毕业生就业工作面临更大的压力（图 2-1）。

　　贵州省在"十五"规划末年结束了全省无"211 工程"院校的历史，标志着贵州省高等教育有了质的飞跃。在"十二五"规划时期的前两年，

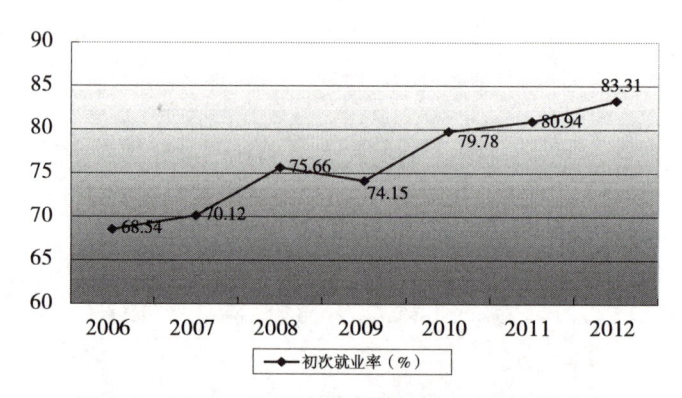

图 2-1　2006—2012 年贵州高校毕业生初次就业率

注：图中数据根据 2006—2012 年各年贵州教育统计年鉴整理而得。

随着国发"2 号"文件的出台以及贵州省"工业化强省、城镇化带动"战略的实施，贵州省经济社会发展迎来了新的机遇。这五年，社会对高校毕业生的需求数量和质量必将发生新的变化。所以，贵州高校毕业生就业工作将会面临新的挑战。为了更好地向以后的高校毕业生就业工作或者下一步的就业工作措施纠偏提供充分有效的参考依据，很有必要研究探讨就业工作在特殊时期所出现的高校毕业生就业的总量失衡问题以及结构失衡问题，以吸取经验教训。因此，本书选择 2008—2012 年这五年贵州高校毕业生的相关就业数据作为研究对象，对贵州高校毕业生的就业情况进行相关研究。

### 2.1.1　贵州高校毕业生总体就业情况

从毕业生的总体就业数量和总体初次就业率的角度对高校毕业生的总体就业情况进行分析，能够更直观地得知高校毕业生的整体就业状况以及高校毕业生就业工作面临的形势。因此，本书借鉴 2008—2011 年各年贵州省普通高等学校高校毕业生就业工作总结汇编与 2012 年贵州省大中专毕业生就业指导中心网站就业工作老师专用数据库的相关资料，对 2008—2012 年各年贵州高校普通高校毕业生的就业总量和初次就业率分别进行了分析，力求更好地了解近年贵州高校毕业生的总体就业情况。

2008 年，贵州高校毕业生共计 68585 人。统计截止到 2008 年 9 月 1

日，毕业生初次就业率为75.66%。

2009年，贵州高校毕业生共计66933人，比上年减少1652人。统计截止到2009年9月1日，毕业生初次就业率为74.15%。

2010年，贵州高校毕业生共计77909人，比上年增加10976人，增幅达16.40%。统计截止到2010年9月1日，全省高校毕业生初次就业率为79.78%，比上年同期提高5.63%。

2011年，贵州高校毕业生共计87150人，比上年增加9241人，增幅11.86%。统计截止到2011年9月1日，全省高校毕业生初次就业率为80.94%，首次突破80%，比上年同期增长1.16%。

2012年，贵州高校毕业生共计90172人，比上年增加3022人，增幅为3.47%。统计截止到2012年9月1日，全省高校毕业生初次就业率为86.31%，比上年同期增长5.37%（图2-2）。

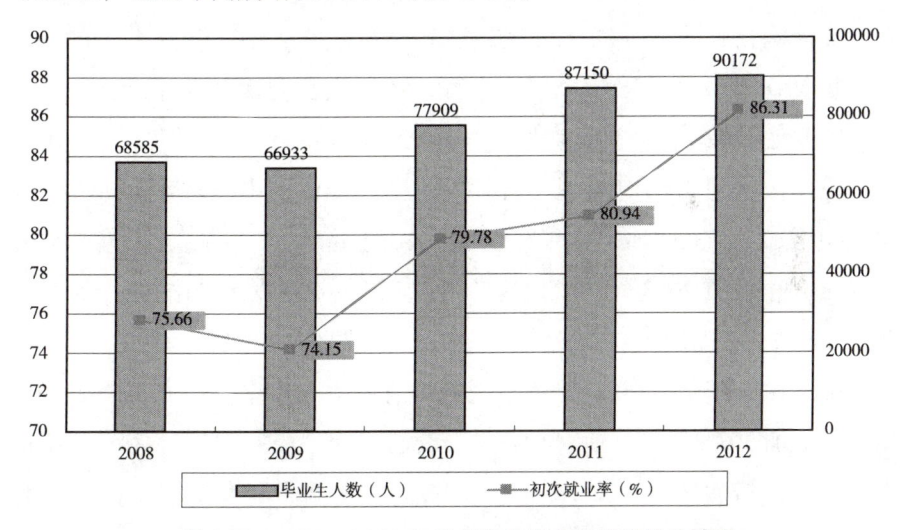

图2-2　2008—2012年贵州高校毕业生总体就业情况

注：图中数据根据2008—2011年各年贵州省普通高等学校高校毕业生就业工作总结汇编与2012年贵州省大中专毕业生就业指导中心网站的相关数据整理而得。

从图2-1-2分析可知：虽然受金融危机影响，贵州高校毕业生总人数和初次就业率在2009年分别出现较低程度的回落，然而随着贵州高等教育迈入大众化阶段，从整体趋势看，这五年的贵州高校毕业生总人数逐年

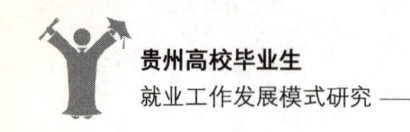

攀增，高校毕业生初次就业率曲线呈渐进上升特征。

2.1.2 贵州高校各层次毕业生就业情况

从比较分析高校研究生、本科生与专科生不同层次毕业生之间的就业数量和就业率的角度研究高校毕业生的就业情况，能够更详细地得知各层次毕业生的就业形势。这样，高校可以更好地明确就业工作的重心，采取更具针对性的方法与措施，有效解决就业工作中存在的某些问题。因此，本书同样在借鉴 2008—2011 年各年贵州省普通高等学校高校毕业生就业工作总结汇编与 2012 年贵州省大中专毕业生就业指导中心网站就业工作老师专用数据库的相关资料的情况下，对 2008—2012 年各年贵州省普通高等学校研究生、本科生与专科生各层次毕业生的就业总量和初次就业率分别进行了研究分析，以便更好地了解近年贵州高校各层次毕业生的总体就业情况。

统计截止到 2008 年 9 月 1 日，贵州高校毕业生中，研究生 2409 人，研究生初次就业率为 60.02%；本科生 28648 人，初次就业率为 75.23%；专科毕业生 37528 人，初次就业率为 76.99%。

统计截止到 2009 年 9 月 1 日，贵州高校毕业生中，研究生 2620 人，比上年增加 211 人，增幅达 8.76%，初次就业率为 45.00%；本科生 30676 人，比上年增加 2028 人，增幅达 7.08%，初次就业率为 75.51%；专科毕业生 33637 人，比上年减少 3891 人，初次就业率为 75.18%。

统计截止到 2010 年 9 月 1 日，贵州高校毕业生中，研究生 2923 人，比上年增加 303 人，增幅达 11.56%，初次就业率为 53.13%；本科生 32950 人，比上年增加 2274 人，增幅达 7.41%，初次就业率为 80.47%；专科生 42036 人，比上年增加 8399 人，增幅达 24.97%，初次就业率为 81.09%。

统计截止到 2011 年 9 月 1 日，贵州高校毕业生中，研究生 3241 人，比上年增加 318 人，增幅达 10.88%，初次就业率为 58.99%；本科生 38075 人，比上年增加 5125 人，增幅达 15.55%，初次就业率为 80.28%；专科生 45834 人，比上年增加 3798 人，增幅达 9.04%，初次就业率为 83.03%。

统计截止到 2012 年 9 月 1 日，贵州高校毕业生中，研究生 3776 人，

## 2 贵州高校毕业生就业工作的现状与问题

比上年增加 535 人,增幅达 16.51%,初次就业率为 65.75%;本科生 40255 人,比上年增加 2180 人,增幅达 5.73%,初次就业率为 80.67%;专科生 46141 人,比上年增加 307 人,增幅达 0.67%,初次就业率为 85.46%(如表 2-1、图 2-3)。

表 2-1 2008—2012 年贵州高校各层次毕业生就业情况

|  |  | 2008 年 | 2009 年 | 2010 年 | 2011 年 | 2012 年 |
|---|---|---|---|---|---|---|
| 研究生 | 就业人数(人) | 2409 | 2620 | 2923 | 3241 | 3776 |
|  | 初次就业率(%) | 60.02 | 45.00 | 53.13 | 58.99 | 65.75 |
| 本科生 | 就业人数(人) | 28648 | 30676 | 32950 | 38075 | 40255 |
|  | 初次就业率(%) | 75.23 | 75.51 | 80.47 | 80.28 | 80.67 |
| 专科生 | 就业人数(人) | 37528 | 33637 | 42036 | 45834 | 46141 |
|  | 初次就业率(%) | 76.99 | 75.18 | 81.09 | 83.03 | 85.46 |

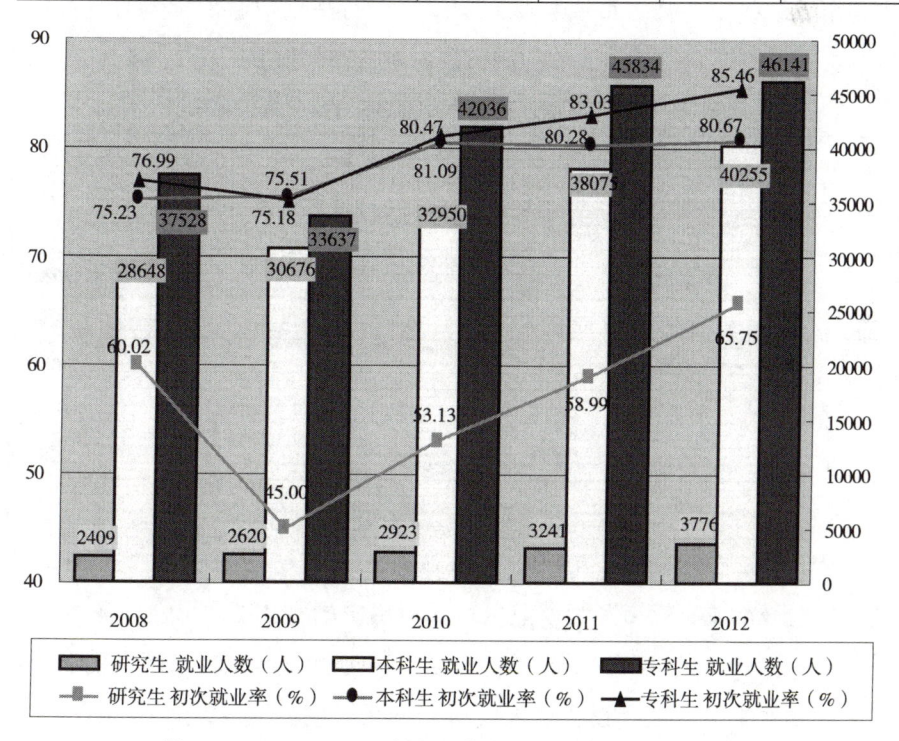

图 2-3 2008—2012 年贵州高校各层次毕业生就业情况

注:图中数据根据 2008—2011 年各年贵州省普通高等学校高校毕业生就业工作总结汇编与 2012 年贵州省大中专毕业生就业指导中心网站的相关数据整理而得。

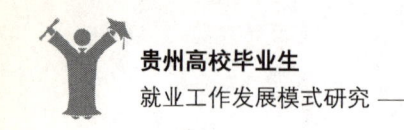

从图 2-1-3 分析可知：受金融危机影响，2009 年贵州高校专科生的就业人数在减少。从整体趋势看，2008—2012 年贵州高校的研究生、本科生、专科生的就业人数呈曲线上升趋势。此外，受金融危机影响，2009 年研究生、本科生、专科生的初次就业率均出现回落，其中研究生的初次就业率降低近 15%。从这五年各层次毕业生的初次就业率的整体趋势看，不同层次毕业生的初次就业率呈上升趋势，其中专科生的初次就业率要高于研究生、本科生的初次就业率（2009 年除外）。

2.1.3　贵州高校毕业生就业城市分布及区域流向

（1）贵州高校毕业生就业的城市分布

本课题对贵州高校毕业生就业区域城市层次区分为 4 级：省份城市或直辖市、地级市、县级市或县城、乡镇。在对高校毕业班学生的调查中，可知贵州高校毕业生就业区域的城市层次及分布情况（见表 2-2）。

表 2-2　性别 * 城市分布（Crosstabulation 分析）列联表

| | | | 城市层次 | | | | 合计 |
|---|---|---|---|---|---|---|---|
| | | | （1）省份城市或直辖市 | （2）地级市 | （3）县级市或县城 | （4）乡镇 | |
| 您的性别 | （1）男 | 数量 | 251 | 109 | 34 | 4 | 398 |
| | | 百分比 | 35.6 | 15.4 | 4.8 | 0.6 | 56.4 |
| | （2）女 | 数量 | 216 | 69 | 20 | 3 | 308 |
| | | 百分比 | 30.6 | 9.8 | 2.8 | 0.4 | 43.6 |
| 合计 | | 数量 | 467 | 178 | 54 | 7 | 706 |
| | | 百分比 | 66.1 | 25.2 | 7.6 | 1.0 | 100.0 |

从表 2-2 分析可知：在 398 名被调查的高校毕业班男性学生中，首选"省份城市或直辖市"为就业区域城市层次的有 251 名男性毕业生，占被调查者总人数的 35.6%；选择"地级市"为就业区域城市层次的有 109 名男性毕业生，占被调查者总人数的 15.4%；选择"县级市或县城"为就业区域城市层次的有 34 名男性毕业生，占被调查者总人数的 4.8%；选择"乡镇"为就业区域城市层次的有 4 名男性毕业生，占被调查者总人数的 0.6%。

在308名被调查的高校毕业班女性学生中，选择"省份城市或直辖市"为就业区域城市层次的有216名女性毕业生，占被调查者总人数的30.6%；选择"地级市"为就业区域城市层次的有69名女性毕业生，占被调查者总人数的9.8%；选择"县级市或县城"为就业区域城市层次的有20名女性毕业生，占被调查者总人数的2.8%；选择"乡镇"为就业区域城市层次的有3名女性毕业生，占被调查者总人数的0.4%。

综上所述，706名被调查的高校毕业班学生绝大多数选择"省份城市或直辖市""地级市"作为自己的就业城市。

（2）贵州高校毕业生就业的区域流向

本书将贵州高校毕业生就业的区域流向分为4个区域：京津沪地区、东部地区、中部地区、西部地区。分别从高校负责学生工作的老师、高校毕业班学生角度对贵州高校毕业生就业的区域流向和城市层次进行调查分析。

在对104名高校负责学生工作的老师调查中可知毕业生就业区域流向具体情况：第一，西部地区为66.7%的被选率；第二，东部地区为17.4%的被选率；第三，中部地区为11.8%的被选率；第四，京津沪地区为4.2%的被选率（表2-3）。

表2-3 贵州高校毕业生区域流向频数分析表

| Group $ZYJYDQ 毕业生主要区域流向 | | | | |
|---|---|---|---|---|
| Category label | Code | Count | Pct of Responses | Pct of Cases |
| （1）京津沪地区 | 1 | 6 | 4.2 | 5.8 |
| （2）东部地区 | 2 | 25 | 17.4 | 24.0 |
| （3）中部地区 | 3 | 17 | 11.8 | 16.3 |
| （4）西部地区 | 4 | 96 | 66.7 | 92.3 |
| Total responses | | 144 | 100.0 | 138.5 |
| 0 missing cases; 104 valid cases | | | | |

在对高校毕业班学生的调查中可知贵州高校毕业生区域流向及具体分布情况：第一，选择就业区域为西部地区的高校毕业学生占33.90%；第二，选择就业区域为东部地区的高校毕业学生占25.10%；第三，选择就业

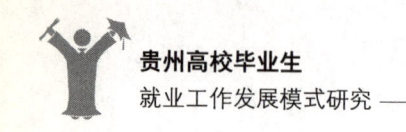

区域为中部地区的高校毕业学生占24.10%；第四，选择就业区域为京津沪地区的高校毕业学生占17.00%（如图2-4所示）。

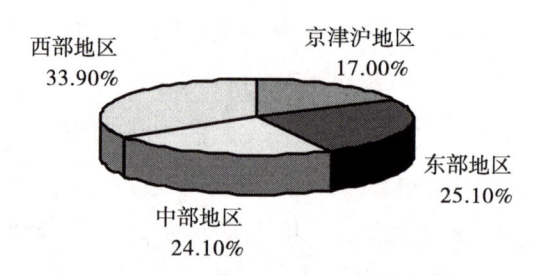

**图2-4　贵州高校毕业生区域流向饼状图**

综合分析可知：由于贵州高校的主要生源地为本省以及其他西部省市，受生源地和乡土文化影响，贵州高校毕业生就业的区域流向主要为西部地区。此外，由于东部地区经济发达和机遇多等因素，也吸引着不少高校毕业生于此就业。

### 2.1.4　贵州高校毕业生就业单位分布

本书将贵州高校毕业生的就业单位性质具体分为13个，对高校负责学生工作的老师进行调研，以求客观、准确了解毕业生的具体就业单位分布情况（表2-4）。

**表2-4　毕业生主要就业单位性质频数分析表**

| Group $JYDWXZ 毕业生主要就业单位性质 Category label | Code | Count | Pct of Responses | Pct of Cases |
|---|---|---|---|---|
| （1）国有企业 | 1 | 86 | 18.5 | 82.7 |
| （2）政府党政机关 | 2 | 47 | 10.1 | 45.2 |
| （3）民营企业 | 3 | 88 | 19.0 | 84.6 |
| （4）金融单位 | 4 | 16 | 3.4 | 15.4 |
| （5）西部志愿 | 5 | 42 | 9.1 | 40.4 |
| （6）选调乡镇 | 6 | 43 | 9.3 | 41.3 |

续表

| | | | | |
|---|---|---|---|---|
| （7）高等学校 | 7 | 7 | 1.5 | 6.7 |
| （8）其他教学单位 | 8 | 9 | 1.9 | 8.7 |
| （9）科研设计单位 | 9 | 6 | 1.3 | 5.8 |
| （10）其他事业单位 | 10 | 32 | 6.9 | 30.8 |
| （11）外资企业 | 11 | 15 | 3.2 | 14.4 |
| （12）个体经营 | 12 | 8 | 1.7 | 7.7 |
| （13）升学录取为研究生 | 13 | 65 | 14.0 | 62.5 |
| Total responses | | 464 | 100.0 | 446.2 |

0 missing cases； 104 valid cases

从表2-4分析可知：本次被调查的104名高校学生工作老师普遍认为毕业生的主要就业单位性质具体分布情况依次为：民营企业（19.0%的被选率）；国有企业（18.5%的被选率）；升学录取为研究生（14.0%的被选率）；政府党政机关（10.1%的被选率）；选调乡镇（9.3%的被选率）；西部志愿（9.1%的被选率）；其他事业单位（6.9%的被选率）；金融单位（3.4%的被选率）；外资企业（3.2%的被选率）；其他教学单位（1.9%的被选率）；个体经营（1.7%的被选率）；高等学校（1.5%的被选率）；科研设计单位（1.3%的被选率）。

从对高校学生工作老师的调研结果分析可知：企事业单位和基层就业项目是目前接受高校毕业生的主力军。

2.1.5 贵州高校毕业生就业期望状况

（1）贵州高校毕业生的职业取向

本书将毕业生期望从事的工作种类具体列为9种，从"性别和期望从事的工作"的交叉分析角度进行分析（见表2-5）。

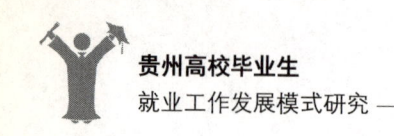

### 表2-5 "性别和期望从事的工作"的交叉分析表

```
*** C R O S S T A B U L A T I O N ***
```
M3 您的性别
by $QWCSGZ（group）期望从事的工作

$QWCSGZ

| Count Tab pct | （1）行政管理工作 | （2）企业管理工作 | （3）专业技术工作 | （4）服务工作 | （5）工人 | Row Total |
|---|---|---|---|---|---|---|
| M3 | 1 | 2 | 3 | 4 | 5 | |
| （1）男  1 | 269 | 272 | 216 | 25 | 20 | 1026 |
|  | 14.9 | 15.0 | 11.9 | 1.4 | 1.1 | 56.7 |
| （2）女  2 | 199 | 194 | 110 | 30 | 2 | 782 |
|  | 11.0 | 10.7 | 6.1 | 1.7 | 0.1 | 43.3 |
| Column Total | 468 | 466 | 326 | 55 | 22 | 1808 |
|  | 25.9 | 25.8 | 18.0 | 3.0 | 1.2 | 100.0 |

| Count Tab pct | （6）教育 | （7）金融 | （8）自主创业 | （9）其他 | Row Total |
|---|---|---|---|---|---|
| M3 | 6 | 7 | 8 | 9 | |
| （1）男  1 | 64 | 45 | 103 | 12 | 1026 |
|  | 3.5 | 2.5 | 5.7 | 0.7 | 56.7 |
| （2）女  2 | 115 | 61 | 64 | 7 | 782 |
|  | 6.4 | 3.4 | 3.5 | 0.4 | 43.3 |
| Column Total | 179 | 106 | 167 | 19 | 1808 |
|  | 9.9 | 5.9 | 9.2 | 1.1 | 100.0 |

Percents and totals based on responses
706 valid cases；0 missing cases

从表2-5分析可知：在本次被调查的398名高校毕业班男性学生中，他们希望从事的工作类型具体结果如下：

第一，选择期望从事企业管理工作的有272名男性被调查者；

第二，选择期望从事行政管理工作的有269名男性被调查者；

第三，选择期望从事专业技术工作的有216名男性被调查者；

第四，选择期望自主创业的有103名男性被调查者；

第五，选择期望从事教育工作的有64名男性被调查者；

第六，选择期望从事金融工作的有45名男性被调查者；

第七，选择期望从事服务工作的有25名男性被调查者；

第八，选择期望成为工人的有20名男性被调查者；

第九，选择期望从事其他工作的有12名男性被调查者。

从表2-5分析可知：在本次被调查的308名高校毕业班女性学生中，她们希望从事的工作类型具体结果如下：

第一，选择期望从事行政管理工作的有199名女性被调查者；

第二，选择期望从事企业管理工作的有194名女性被调查者；

第三，选择期望从事教育工作的有115名女性被调查者；

第四，选择期望从事专业技术工作的有110名女性被调查者；

第五，选择期望自主创业的有64名女性被调查者；

第六，选择期望从事金融工作的有61名女性被调查者；

第七，选择期望从事服务工作的有30名女性被调查者；

第八，选择期望从事其他工作的有7名女性被调查者；

第九，选择期望成为工人的有2名女性被调查者。

从以上分析可知：毕业生偏爱管理类工作，这与管理类工作的工资偏高而且社会地位较高有很大的关系。其次，男性毕业生偏爱专业技术工作、女性毕业生偏爱教育工作，这与他们各自所选择的专业有关系，大部分男性毕业生有工科和理科专业背景，而大部分女性毕业生有管理类和教育类等文科专业背景。此外，面对日益严峻的就业形势和日益激烈的就业竞争环境，希望自主创业的高校毕业生也逐渐增多。

（2）贵州高校毕业生的择业标准

本课题将毕业生选择职业的主要标准列为8种，从"性别和选择职业的主要标准"的交叉分析角度进行分析（见表2-6）。

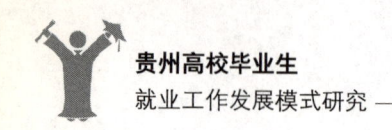

表 2-6 "性别和选择职业的主要标准"的交叉分析表

```
*** CROSSTABULATION ***
M3 您的性别
by $XZZYBZ（group）选择职业的主要标准
```

| Count Tab pct | （1）工作稳定性 | （2）工资和福利 | （3）单位的前景 | （4）是否能发挥能力和个性 | （5）职业的社会地位 | Row Total |
|---|---|---|---|---|---|---|
| M3 | 1 | 2 | 3 | 4 | 5 | |
| （1）男 1 | 144<br>20.4 | 259<br>36.7 | 207<br>29.3 | 188<br>26.6 | 70<br>9.9 | 398<br>56.4 |
| （2）女 2 | 154<br>21.8 | 192<br>27.2 | 145<br>20.5 | 109<br>15.4 | 37<br>5.2 | 308<br>43.6 |
| Column Total | 298<br>42.2 | 451<br>63.9 | 352<br>49.9 | 297<br>42.1 | 107<br>15.2 | 706<br>100.0 |

| Count Tab pct | （6）个人兴趣与爱好 | （7）就业地区 | （8）社会关系与感情因素 | | | Row Total |
|---|---|---|---|---|---|---|
| M3 | 6 | 7 | 8 | | | |
| （1）男 1 | 130<br>18.4 | 63<br>8.9 | 35<br>5.0 | | | 398<br>56.4 |
| （2）女 2 | 127<br>18.0 | 69<br>9.8 | 19<br>2.7 | | | 308<br>43.6 |
| Column Total | 257<br>36.4 | 132<br>18.7 | 54<br>7.6 | | | 706<br>100.0 |

Percents and totals based on respondents
706 valid cases; 0 missing cases

从表 2-6 分析可知：在本次被调查的 398 名高校毕业班男性学生中，他们选择职业的标准具体结果如下：

第一，选择工资和福利的有 259 名被调查高校毕业班男性学生；

第二，选择单位的前景的有 207 名被调查高校毕业班男性学生；

第三，选择是否能发挥能力和个性的有188名被调查高校毕业班男性学生；

第四，选择工作稳定性的有144名被调查高校毕业班男性学生；

第五，选择个人兴趣与爱好的有130名被调查高校毕业班男性学生；

第六，选择职业的社会地位的有70名被调查高校毕业班男性学生；

第七，选择就业地区的有63名被调查高校毕业班男性学生；

第八，选择社会关系与感情因素的有35名被调查高校毕业班男性学生。

从表2-6分析可知：在本次被调查的308名高校毕业班女性学生中，她们选择职业的标准具体结果如下：

第一，选择工资和福利的有192名被调查高校毕业班女性学生；

第二，选择工作稳定性的有154名被调查高校毕业班女性学生；

第三，选择单位的前景的有145名被调查高校毕业班女性学生；

第四，选择个人兴趣与爱好的有127名被调查高校毕业班女性学生；

第五，选择是否能发挥能力和个性的有109名被调查高校毕业班女性学生；

第六，选择就业地区的有69名被调查高校毕业班女性学生；

第七，选择职业的社会地位的有37名被调查高校毕业班女性学生；

第八，选择社会关系与感情因素的有19名被调查高校毕业班女性学生。

从以上分析可知：面对国际金融危机、物价的上涨和生活成本的不断提高，高校毕业生变得越来越务实，突出以工资和福利作为选择职业的主要标准。其次，是考虑个人发展前途、兴趣与爱好、能力是否能够与职业有机结合。此外，女性毕业生强调职业的稳定性标准，而男性毕业生关注个人发展前途的职业标准。

（3）贵州高校毕业生的薪金期望值

本书将高校毕业生就业的月薪分为5个档次，对高校毕业生期望的就业月起薪（税前）和可以接受的最低起薪进行调查，期望对贵州高校毕业生的薪金期望值有更好了解（表2-7、表2-8）。

表 2-7　期望的就业月起薪（税前）（Frequencies 分析）

| | | Frequency | Percent | Valid Percent | Cumulative Percent |
|---|---|---|---|---|---|
| Valid | （1）1500~2000 元 | 7 | 1.0 | 1.0 | 1.0 |
| | （2）2000~3000 元 | 154 | 21.8 | 21.8 | 22.8 |
| | （3）3000~4000 元 | 329 | 46.6 | 46.6 | 69.4 |
| | （4）4000~5000 元 | 114 | 16.1 | 16.1 | 85.6 |
| | （5）5000 元以上 | 102 | 14.4 | 14.4 | 100.0 |
| | Total | 706 | 100.0 | 100.0 | |

从表 2-7 分析可知：46.6% 的被调查者期望月就业起薪为 3000~4000 元；21.8% 的被调查者期望月就业起薪为 2000~3000 元；16.1% 的被调查者期望月就业起薪为 4000~5000 元；14.4% 的被调查者期望月就业起薪为 5000 元以上；仅 1.0% 的被调查者期望月就业起薪为 1500~2000 元。

表 2-8　可以接受的最低起薪（Frequencies 分析）

| | | Frequency | Percent | Valid Percent | Cumulative Percent |
|---|---|---|---|---|---|
| Valid | （1）1500~2000 元 | 148 | 21.0 | 21.0 | 21.0 |
| | （2）2000~3000 元 | 454 | 64.3 | 64.3 | 85.3 |
| | （3）3000~4000 元 | 87 | 12.3 | 12.3 | 97.6 |
| | （4）4000~5000 元 | 15 | 2.1 | 2.1 | 99.7 |
| | （5）5000 元以上 | 2 | 0.3 | 0.3 | 100.0 |
| | Total | 706 | 100.0 | 100.0 | |

从表 2-8 分析可知：在 706 名被调查的高校毕业班学生中，64.3% 的被调查者可以接受的最低月就业起薪为 2000~3000 元；21.0% 的被调查者可以接受的最低月就业起薪为 1500~2000 元；12.3% 的被调查者可以接受的最低月就业起薪为 3000~4000 元；2.1% 的被调查者可以接受的最低月就业起薪为 4000~5000 元；0.3% 的被调查者可以接受的最低月就业起薪为 5000 元以上。

综合分析可知：由于大学生尤其其父母亲受传统就业观念的影响，就业薪金定位存在偏差以及带有很强的功利主义倾向。此外，由于生活成本不断提高,即使在金融危机的影响下,毕业生普遍提高就业薪金的期望值,部分毕业生的就业薪金的期望值甚至呈现非理性的偏高状态。

## 2.2 贵州高校毕业生就业工作基本思路

### 2.2.1 高度重视毕业生就业工作

为做好贵州省高校毕业生的就业工作,贵州省教育厅每年负责召开各普通高等学校分管就业工作的校(院)领导、就业工作部门主要负责人以及各市州教育局毕业生就业工作部门负责人参加的全省普通高校毕业生就业工作会议,对全省高校毕业生就业工作进行再动员和再部署。同时,按照中共贵州省委、贵州省人民政府总体部署和要求,贵州省教育厅、贵州省财政厅、贵州省人事厅、贵州省劳动和社会保障厅、共青团贵州省委等有关部门密切协作,以空前的力度制定出台了与国办文件、省政府文件相配套的一系列新的政策措施。全省各高校领导高度重视毕业生就业工作,全面实施"一把手"工程。学校党委、行政部门每年都多次召开专题会议研究部署毕业生就业工作,把毕业生就业工作列入重要的工作日程,明确就业工作"一把手"责任制,明确一名校领导具体抓就业工作,且经常不定期地召开各院(系)相关职能部门负责人会议,专门研究、部署就业工作,强调就业工作重要性,并要求抓落实、见成效。

### 2.2.2 不断加强和创新毕业生的就业教育

第一,逐步加强就业指导的学科建设和课程体系建设。随着高校毕业生就业环境的不断变化,各高校重视将职业发展与就业指导课程建设纳入本校人才培养工作,大力开展职业生涯规划发展教育,不断完善就业指导课程建设。部分高校甚至规定就业指导课程作为必修课进行考核,由学校就业工作部门负责就业指导课程的教学计划实施,教务处负责就业指导课程教学质量的监督和考核。

第二,积极创新就业教育内容和教学方式。绝大部分高校就业指导部门都有经验丰富、资历较深的老师专司就业教育之职,不断加强对职业

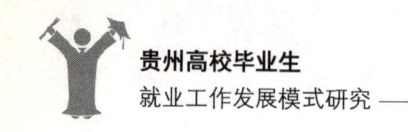

生涯规划、甚至创业教育的研究，探索其中的规律，创新就业教育的教学内容和教学方式。例如，邀请企业界的校友开展座谈会、邀请兄弟院校就业工作老师举办宣讲会、开展就业知识讨论会、举行创业设计大赛和开展职业规划比赛等。这些探索、研究与创新旨在普及大学生职业生涯规划知识，培养大学生自主创业的观念与意识，提高大学生就业、创业技能与实践能力，帮助高校学生学习、掌握职业规划的理念和基本方法，树立正确的成才观和就业观，从而提高毕业生就业竞争能力。

### 2.2.3 大力开拓毕业生就业市场

第一，认真制定实施高校毕业生就业市场开拓战略。贵州省各高校为了促进本校毕业生的顺利就业，立足学校实情确立了对毕业生就业市场进行开发的战略，总体上形成了"立足贵州，面向基层，辐射西部，面向全国"的贵州高校毕业生就业市场开拓战略。

第二，积极拓展高校毕业生的"有形就业市场"。一是举办多场次的各类现场招聘会。各高校领导和学校就业工作部门负责人分别带队到地州市及省内外企业调研，回访毕业生，召开毕业生推荐会，邀请用人单位来校招聘。通过举办"百家企业招聘周"，地方政府、民营企业、中小企业专场招聘会等多种形式为毕业生提供更多的就业岗位。二是建设校外就业实习基地。借助"产学研"的办学方式，高校加强与企业的联系，建设一批就业实习基地，通过毕业实习、顶岗实习和就业安置的三合一形式，促进毕业生充分有效就业。

第三，努力开拓高校毕业生的"无形就业市场"。各高校重视毕业生就业工作信息化建设：一方面加大了就业信息平台的建设力度，通过就业信息网收集和发布大量的就业信息，为毕业生就业搭建良好平台；另一方面部分高校设有视频远程面试室，为毕业生和用人单位建立了方便、高效的供需交流平台。此外，贵州省教育厅积极组织省内高校举办贵州省高校毕业生网上招聘月活动，组织毕业生参加全国、省市的各类网络招聘会。

### 2.2.4 积极开展全方位的毕业生就业服务工作

第一，多方主体参与的高校毕业生就业工作。各高校认真落实学校毕业生就业工作"一把手"工程，毕业生就业工作进一步转变"单一部门管，单一环节抓，单一模式做"的思想观念，逐步形成"领导主抓，部门统筹，学院为主，全员参与"的院校联动的就业工作机制。学校领导深入职能部门和学院，加强指导；学校招生就业处深入学院、教学部门调查研究，负责就业工作的部署与实施；学院、教学部门的负责人深入各班级进行具体指导；辅导员、班主任、专业课老师深入学生中，开展针对性的就业指导，将就业指导服务真正落实到每一位毕业生。

第二，多方服务内容的高校毕业生就业工作。各高校经过多年的就业工作经验借鉴和积累，毕业生就业工作内容基本上覆盖了就业管理、就业服务、就业咨询和就业教育四个方面的内容。例如，逐步形成了以校长为组长的高校毕业生就业工作领导小组，坚持毕业生就业责任目标化，加强对高校毕业生就业工作的管理；为高校毕业生提供就业信息、报道证管理、就业协议书管理、招聘会举办等就业服务；提供就业疑问解答、创业优惠政策、薪金均值、就业形势等方面的就业咨询；开展求职压力的有效释放、就业观念的正确确立、就业期望值的理性制定、就业形势的客观分析等方面的就业教育。各高校注重将"四位一体"的就业工作内容融入到高校学生的培养和发展活动中，通过各种工作方式将这四个方面的就业工作内容认真落实好。

### 2.2.5 努力推动毕业生基层就业

第一，基层就业工作。深入开展引导和鼓励高校毕业生面向基层就业工作，切实做好组织到位、政策到位、宣传到位、项目到位。会同有关部门协作配合共同做好本省"三支一扶计划""大学生自愿服务西部""一村一名大学生""选调生""农村义务教育阶段学校教师特设岗位""高校毕业生就业见习计划"等项目计划。

第二，应征入伍服义务兵役工作。各高校把组织高校毕业生应征入伍服义务兵役工作作为工作重点和今后的长期任务，纳入学校就业工作重要日程。进一步加强军地合作，建立健全高校毕业生入伍预征协调机制和工作体制。成立由校领导负责，武装部牵头，毕业生就业部门、学生管理部门等相关部门负责人组成的校征兵工作领导小组。积极组织高校毕业生网

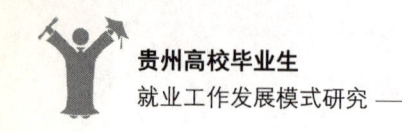

上报名，完善网上预征系统，对征兵工作实行预征情况实名制动态管理，提高预征工作科学化、信息化水平。做好应征入伍服义务兵役高校毕业生学费补偿和助学贷款代偿工作，加大宣传力度，号召更多的高校毕业生投身到祖国的国防建设事业中去。

### 2.2.6 加快推进毕业生就业工作信息化建设

第一，贵州高校毕业生就业部门加大对就业信息网络建设的投入，拥有自己的就业信息网络系统。用人单位能够将招聘专业要求、招聘数量、用人待遇、联系方式以及公司文化等信息及时传递给所在学校的毕业生，毕业生能够提前做好应聘的准备。同时，毕业生可以将自己的求职简历投向自己意愿的企业。这样高校就业工作信息化给用人单位和毕业生提供了更多的双向选择的机会，为招聘企业节省了时间、人力和物力，提高了招聘工作效率。另一方面，就业工作的信息化为高校领导的正确决策提供了有力支撑，准确、真实、及时的就业信息反馈为做好下一步的就业工作奠定了良好基础。

第二，贵州高校毕业生就业主管部门已经实现了高校毕业生离校前就业统计与发布工作的归口管理。省级主管部门（贵州省大中专高校就业指导中心）已建立毕业生就业状况统计发布制度，要求各高校每月初必须上报上月的就业情况，便于及时掌握毕业生就业状况，实现动态监测管理。同时，各高校就业指导中心的老师能够通过专用入口进入贵州省大中专高校就业指导中心的就业信息数据库，通过软件的统计以及信息发布等功能，随时掌握不同时间段的贵州高校毕业生的整体就业情况。在各高校积极推进就业统计工作信息化的情况下，继续健全和完善毕业生就业统计指标体系，完善就业信息网络版管理系统，力求达到使就业统计工作更加科学、规范、真实和准确的目标。

## 2.3　贵州高校毕业生就业工作存在的主要问题与原因分析

### 2.3.1　贵州高校毕业生就业工作存在的主要问题

基于独特的省情及各自相异的校况，贵州高校毕业生就业工作存在多方面的问题，主要表现在以下几个方面：

（1）就业指导时间滞后，全程性指导不足

本次调研发现目前贵州省高校中贵州大学开展就业工作的起始时间较早，集中于大一下学期和大三下学期。但是从整体情况后来看，绝大部分高校在就业指导的时间上普遍比较滞后，大多在大三学年，甚至是在大四学年才开展。就业指导时间的滞后必然造成就业工作全程性指导不足，即对高校大学生整个学习阶段的就业指导没有较好进行详细统筹规划，致使整个学习阶段的就业指导教育没有完全实现相互贯通、有机连成。因此，也就不可能形成较为完善的系统的就业指导体系，造成高校大学生在低年级时几乎没有接受应该有的就业指导教育。

从图2-5分析可知：在本次被调查的104名高校学生工作老师中，认为所在学校开始开展就业指导时间为大三的被选择率为47.1%；认为所在学校在大四开始开展就业指导工作的被选择率为20.2%，两者（67.3%）远远超过认为所在学校在大一、大二学年就开展就业指导的被选择率（32.7%）。

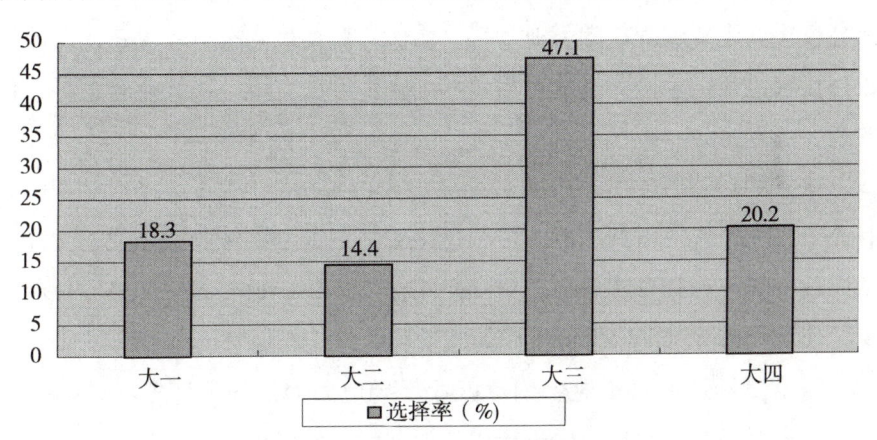

图 2-5　就业工作开始时间柱状图

目前贵州省绝大多数高校对本校大学生整个学习阶段的就业指导工作并没有实现有效的相互贯通，影响一个较为完善的系统的就业指导体系的形成。因此，也就不能有效实现所谓的"全程性"就业指导教育的目标。

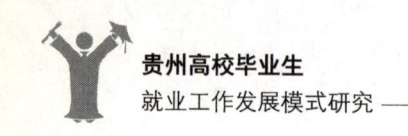

（2）就业指导内容单一，特色性不够

由于绝大部分高校在就业指导的时间上普遍比较滞后，许多本应在大一学年或者大二学年提供的更具有实质性的基础性的就业指导工作采取压缩的形式于大三、大四学年急促展开。这导致就业指导内容多处于肤浅层面，特色性不够，就业指导的效果不理想。目前，贵州省高校的就业指导工作主要集中于就业信息中介、就业政策宣传和日常行政事务管理三个方面的工作，突出以学生发展为中心的工作创新较少。

在就业信息中介方面的工作：以提高本校毕业生的就业率为中心，主要为高校毕业生提供社会用人单位的招工信息，努力将毕业生推销出去，完成预定的工作任务，或者提高本校毕业生的就业率。但是对用人单位以及高校毕业生在求职招聘网上发布信息的真实性关注还不够，导致某些失信问题的出现。

在就业政策宣传方面：采用惯常的上"大课"、讲座等形式，主要围绕中央各部委每年新近出台的相关促进高校毕业生就业的政策开展宣讲，使高校毕业生了解当前的就业形势。然而，对促进高校毕业生就业的政策进行比较研究、采用突出重点与差异的宣传方法有限，使就业政策的宣传效果大打折扣。

在日常行政事务管理方面：面对庞大的亟待服务的高校毕业生群体，各高校就业工作部门的工作人员数量很有限，忙于如派遣证分发、文件签章以及资料整理等日常事务。对提高工作人员综合素质的培训工作开展较少，使就业指导工作取得实质性的成果较少。

为了更好地了解毕业生期待就业指导应大力加强哪些方面的指导内容，本书对高校毕业班学生进行了调研并对调研数据进行了分析，可以知道高校毕业班学生希望高校就业工作在提供更多个性化就业指导服务、就业实习机会、职业生涯规划指导、模拟招聘、就业期望值指导等方面加大工作投入力度，使高校毕业生就业指导工作更具个性化、特色性和本质性特征（表2-9）。

## 2 贵州高校毕业生就业工作的现状与问题

表2-9 高校毕业生就业指导应加强的内容频数分析表

Group $DLJQLR 应大力加强的就业指导内容

| Category label | Code | Count | Pct of Responses | Pct of Cases |
|---|---|---|---|---|
| （1）个性化就业指导服务 | 1 | 431 | 21.3 | 61.0 |
| （2）提供更多就业信息 | 2 | 121 | 6.0 | 17.1 |
| （3）举办专题讲座 | 3 | 70 | 3.5 | 9.9 |
| （4）调整就业期望值 | 4 | 184 | 9.1 | 26.1 |
| （5）职业生涯规划 | 5 | 282 | 13.9 | 39.9 |
| （6）就业形势与政策指导 | 6 | 142 | 7.0 | 20.1 |
| （7）就业心理指导 | 7 | 104 | 5.1 | 14.7 |
| （8）模拟招聘 | 8 | 271 | 13.4 | 38.4 |
| （9）实习机会 | 9 | 306 | 15.1 | 43.3 |
| （10）素质拓展 | 10 | 113 | 5.6 | 16.0 |
| Total responses | | 2024 | 100.0 | 286.7 |

0 missing cases; 706 valid cases

从表2-9分析可知：被调查的706名高校毕业班学生认为毕业生就业指导应大力加强的内容具体结果如下：

第一，选择"个性化就业指导服务"应该为毕业生就业指导大力加强的内容的被调查者有431人，占被调查者总数的61.0%；

第二，选择"实习机会"应该为毕业生就业指导大力加强的内容的被调查者有306人，占被调查者总数的43.3%；

第三，选择"职业生涯规划"应该为毕业生就业指导大力加强的内容的被调查者有282人，占被调查者总数的39.9%；

第四，选择"模拟招聘"应该为毕业生就业指导大力加强的内容的被调查者有271人，占被调查者总数的38.4%；

第五，选择"调整就业期望值"应该为毕业生就业指导大力加强的内容的被调查者有184人，占被调查者总数的26.1%；

第六，选择"就业形势与政策指导"应该为毕业生就业指导大力加强的内容的被调查者有142人，占被调查者总数的20.1%；

第七，选择"提供更多就业信息"应该为毕业生就业指导大力加强的内容的被调查者有121人，占被调查者总数的17.1%；

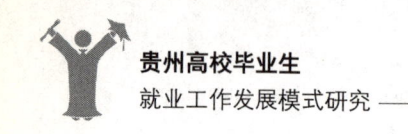

第八，选择"素质拓展"应该为毕业生就业指导大力加强的内容的被调查者有113人，占被调查者总数的16.0%；

第九，选择"就业心理指导"应该为毕业生就业指导大力加强的内容的被调查者有104人，占被调查者总数的14.7%；

第十，选择"举办专题讲座"应该为毕业生就业指导大力加强的内容的被调查者有70人，占被调查者总数的9.9%。

（3）就业指导人员素质不高，影响工作成效

第一，专兼结合的就业工作队伍水平不一。在贵州高校毕业生就业工作人员队伍中，专业型的工作人员数量较少且理论水平亟待提高，无法满足大学生的需求。因此，高校的就业工作队伍均由专职人员和兼职人员构成。这些人员由于各自的知识结构、专业技能、研究领域、人生阅历等相异，导致他们的综合素质表现出明显的差异性，组成的就业指导队伍水平不一，影响就业指导服务效率的提高（表2-10）。

表2-10　高校毕业生就业指导应加强的内容频数分析表

| Group $ZYZDLS 就业指导老师的类型 | | | | |
|---|---|---|---|---|
| Category label | Code | Count | Pct of Responses | Pct of Cases |
| （1）辅导员及学生工作人员 | 1 | 96 | 62.7 | 92.3 |
| （2）学科专业老师 | 2 | 26 | 17.0 | 25.0 |
| （3）外聘人员 | 3 | 2 | 1.3 | 1.9 |
| （4）学校其他部门行政人员 | 4 | 24 | 15.7 | 23.1 |
| （5）其他兼职人员 | 5 | 5 | 3.3 | 4.8 |
| Total responses | | 153 | 100.0 | 147.1 |

0 missing cases;　104 valid cases

从以上"就业指导老师的类型"的频数分析表分析可知：在本次被调查的104名高校学生工作老师中，认为所在学校担任就业指导课程老师的前三种主要类型依次为：辅导员及学生工作人员（62.7%的选择率）、学科专业老师（17.0%的选择率）、学校其他部门行政人员（15.7%的选择率）。

从表2-11分析可知：被调查的高校毕业班学生中，首选"不满意"态度的被调查者（317名，44.9%）远多于持"满意"（115名，16.3%）、"非常满意"（19名，2.7%）态度的被调查者；其次为持"比较满意"态度的被调查者，有255名，占被调查者总数的36.1%。

表2-11 就业指导老师的办事能力评价（Frequencies分析）

|  |  | Frequency | Percent | Valid Percent | Cumulative Percent |
|---|---|---|---|---|---|
| Valid | （1）非常满意 | 19 | 2.7 | 2.7 | 2.7 |
|  | （2）满意 | 115 | 16.3 | 16.3 | 19.0 |
|  | （3）比较满意 | 255 | 36.1 | 36.1 | 55.1 |
|  | （4）不满意 | 317 | 44.9 | 44.9 | 100.0 |
|  | Total | 706 | 100.0 | 100.0 |  |

从表2-12分析可知：首选"不满意"态度的被调查者（327名，46.3%）远多于持"满意"（117名，16.6%）、"非常满意"（20名，2.8%）态度的被调查者；其次为持"比较满意"态度的被调查者，有242名，占被调查者总数的34.3%。

表2-12 就业指导老师的服务水平评价（Frequencies分析）

|  |  | Frequency | Percent | Valid Percent | Cumulative Percent |
|---|---|---|---|---|---|
| Valid | （1）非常满意 | 20 | 2.8 | 2.8 | 2.8 |
|  | （2）满意 | 117 | 16.6 | 16.6 | 19.4 |
|  | （3）比较满意 | 242 | 34.3 | 34.3 | 53.7 |
|  | （4）不满意 | 327 | 46.3 | 46.3 | 100.0 |
|  | Total | 706 | 100.0 | 100.0 |  |

从以上分析可知：目前高校毕业生就业工作队伍的非专业化，高校毕业生普遍对本校毕业生就业工作者的办事能力和服务水平持不满意的态度。高校急需建设一支既"精"又"专"的高素质毕业生就业工作队伍。

第二，就业工作人员的系统培训不够。由于高校就业经费的支持力度

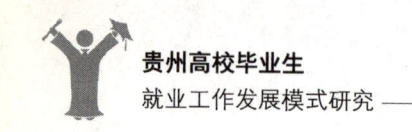

有限，各高校对所属就业指导部门在人员编制、服务场地和资金等方面无法给予充分保障，普遍存在就业工作人员系统培训不足的现象。各高校不能够组织绝大部分负责毕业生就业工作的教师外出学习和交流，无法有效地将鼓励和支持相当数量的就业工作人员参加"全球职业规划师认证"的学习培训付诸实践，也不能选派绝大数量的负责就业工作的教师参加就业指导教材的课程教学演示培训等。由于就业工作人员的系统培训力度不够，对通过学习、交流、竞赛、观摩等方式实现建设素质高、业务精、能力强、有爱心、乐奉献的高校毕业生就业工作队伍的目标构成了障碍。此外，贵州省高校还没有普遍性地积极推行职业准入制度，没有大规模的硬性规定把具备相应资格证书、从事就业工作、专职人员纳入教师岗位管理。这在很大程度上阻碍了高校毕业生就业指导人员的素质提升，影响就业工作成效的提高。

（4）就业市场供需研究不足，降低信息整合度

贵州高校对毕业生就业信息的质量保障、替换速度和分析预测等都十分滞后，导致就业信息极不对称，高校大学生就业市场"失灵"：一方面导致用人单位不能够及时知晓高校毕业生的完整信息，如就业市场中该专业的毕业生总量、毕业生的就业期望值、毕业生对行业或单位的偏好等；另一方面毕业生也不能够有效了解就业市场及用人单位的相关信息，如市场所偏好的专业、实际就业率、就业市场中需求某专业毕业生的招聘单位总数量与各招聘单位具体联系方式、招聘单位对毕业生的能力与素质要求、入职薪金、职业发展前途等。这就造成高校毕业生和用人单位间的信息非对称，导致他们产生非理性选择，造成摩擦性失业增加。当前，贵州省大学生就业市场也还没有建立起对本省各高等学校以及是全国各高校、各专业的毕业生数量、就业率、行业平均收入等指标的定期发布制度，造成大学生以及学生家长对高校相关信息以及未来就业信息判断失误，形成不理智的预期，导致大学生毕业后的就业困难。

此外，由于就业市场人才供需预测研究工作是一项复杂的系统工程，需要省内各高校间以及省内各劳动力市场建立有机联系；需要实现贵州

高校毕业生就业市场、人才市场、劳动力市场的相互贯通和资源共享；需要按需投入足够的人力、物力和财力；需要高校职业发展方面的专家、软件开发方面的专家、人力资源管理方面的专家、数据统计方面的专家、信息平台营运方面的专家和日常工作管理人员在各司其职的基础上协同合作等。这些技术、资金、人才等严重不足致使高校毕业生就业工作的就业市场供需研究不足。在一定程度上也导致了就业市场现阶段应聘者的需求数量和应聘者的实际供给数量、岗位的具体应聘者数量、需求某专业的招聘单位的具体数量等信息不明确，给开展其他相关研究工作带来了困难。

（5）就业工作体制机制不健全，阻碍就业工作良性协调发展

第一，就业工作的管理体制不完善。贵州高校毕业生就业工作校院联动的两级管理体制不能实现充分调动院级毕业生就业工作人员积极性的目标，没有使院级就业工作部门的功能得到充分有效的发挥。主要体现为院级就业工作部门开展就业教育、提供就业咨询以及开拓毕业生就业市场的主动性不够。院级就业工作的开展更多的是被动执行校级毕业生就业工作部门制定和下发的工作目标，阻碍就业指导功能的充分有效发挥。

第二，就业工作的保障机制不健全。突出表现在贵州高校没有任何政府就业专项经费支持，仅靠学校专项就业经费开展工作，部分学校甚至连本校的就业专项经费都很紧张。财政支持的困境导致高校毕业生就业工作队伍建设薄弱，高校就业指导部门的软件资源和硬件资源不完善，从而无法全面提升高校就业指导水平及不能够全力做好高校毕业生就业服务工作。

第三，就业工作考评机制不合理。目前贵州高校毕业生就业工作重视就业工作目标完成数量的考评而轻视就业工作效益的考评，重就业率的考评而轻就业质量的考评，重结果考评而轻过程考评，重外部考评而轻自身考评等。高校毕业生就业工作不合理的考评机制对贵州高校毕业生就业工作的有效开展起不到良好的导向作用。

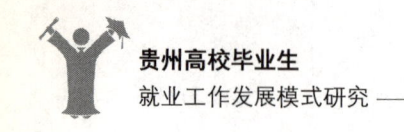

2.3.2 贵州高校毕业生就业工作存在主要问题的原因分析

分析贵州高校毕业生就业工作存在的主要问题的原因有利于采取针对性的对策和措施，更好地系统解决毕业生就业问题。导致贵州高校毕业生就业工作存在主要问题的原因是多方面的，从根本上探究，主要为以下方面：

（1）就业工作理念相对落后

就业工作理念对高校毕业生的就业工作具有导向作用。高校毕业生就业工作是一项具有专业性、艺术性、创新性的工作。落后的就业工作理念无法科学有效地指导高校毕业生就业工作。基于特殊省情和校况，贵州省高校实施毕业生就业工作的时间较其他省区的高校晚，开展高校毕业生就业工作研究滞后，就业工作理念相对落后。主要表现为以下几个方面：一是没有完全树立"以学生为本"的理念，不能够以平等、互动的方式促进贵州高校大学生全面协调可持续发展。二是没有彻底树立"专业化和专家化"的理念，大学生就业工作无法朝着专业化的方向发展，不能使就业指导教育工作与行政工作相分离，不能有效实现就业指导人员职业化进而专家化的目标。三是没有树立"全程化"的理念，导致就业指导教育工作不能实现于大学生高校学习过程的全程中，也不能贯穿渗透到高校教学、管理、服务工作和活动的全过程中。四是没有树立"质量意识"的理念，大学毕业生质量如何，直接影响到他们在未来市场竞争中的成败，直接关系到学校大学生就业指导教育工作顺利与否。高校毕业生就业工作缺乏"质量意识"的理念导致就业工作的考评机制忽略就业工作过程考评、就业质量考评、学生培养质量考评等方面，高校毕业生的整体竞争力不能够得到切实提高。五是没有树立"创新"的理念，高校毕业生就业工作不能更好地创新就业工作的思想观念、管理体制、方法措施、培养模式，不能够更好地持续探索就业工作的新机制、新体系、新模式，不能够更好地研究就业工作中出现的新情况、新问题。这造成贵州高校毕业生就业工作不能取得新进展，不能破解不断出现的就业难题。

落后的就业工作理念导致高校毕业生就业工作者对高校毕业生就业工作的内涵与就业指导的原则缺乏深度认识。高校毕业生的就业指导由多方主体参与，要建立"四位一体"的服务体系，要将就业工作以学生感兴趣和乐于接受的形式贯穿整个学习过程，以实现大学生全面发展和个性化发展的目标。对就业指导的内涵缺乏深度认识会使高校毕业生的就业工作忽视其系统性、全程性、创新性，而停留在肤浅的表面层次，难以充分发挥其实质性作用。例如，高校毕业生就业工作者过多提供一些处于表面层次和简单内容的服务内容，如就业信息提供、政策导向、思想教育、择业技巧指导、日常事务管理等，而对于个人特征评价、择业心理咨询、创业指导、职业生涯规划等深层次的具有本质性的服务则很少或者没有提供。开展高校毕业生就业指导的形式落后，主要通过集中上"大课"的形式，笼统泛泛地传授空洞、抽象的理论、技巧，很少提供一对一的个性化的就业指导。高校毕业生就业工作的系统性不够，就业指导的时间上普遍比较滞后，导致许多本应在低年级提供的更具有实质性的、基础性的就业指导采取压缩的形式于高年级急促展开，就业指导教育的内容没有建立有机联系，就业指导没有系统贯穿于大学生的整个在校学习过程。

（2）缺乏对就业工作相关要素的系统认识

高校毕业生就业工作的目标是促进大学生的个性化发展、全面发展和长远发展，帮助他们在社会中更好地实现个人价值和社会价值。该目标的充分有效实现需要高校毕业生就业工作的顺利开展，而毕业生就业工作的顺利开展需要一些要素作为保障。因此，高校毕业生就业工作者必须对这些关系就业工作顺利开展的相关要素加以系统的认识。

首先，高校毕业生就业工作的影响因素。高校毕业生就业工作的开展不是置于真空中、呈完全主观意识形态运行的，相反地，它具有对社会存在依赖性的特征，受许许多多因素的影响，如高校高等教育结构、高校学科专业情况、高校毕业生就业工作理念、区域文化心理、区域经济发展现状与特征、区域文化特征、区域特征、基于省情的大学生就业指导、基于省情的大学生创业教育等。缺乏对这些影响因素的系统认识，难以从基本原因上对高校毕业生就业工作存在的主要问题加以有效分析，进而就无法找到产生这些问题的根源，不能有效提出具有针对性的对策和措施，从而无法立足长远，

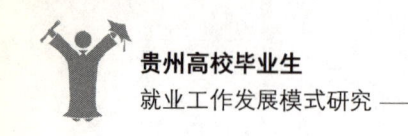

从根本上有效地解决高校毕业生就业工作存在的问题。

其次，高校毕业生就业工作的服务要素。高校毕业生就业工作是为了促进大学生的综合素质和能力得到不断提高，培养符合社会需求的人才，促进经济和社会发展。因此，高校毕业生就业工作者必须"以生为本"，围绕学生的发展与成才提供丰富的服务内容，建立就业管理、就业服务、就业咨询、就业教育"四位一体"的服务体系。缺少任何一项服务内容，既不利于高校毕业生就业工作的顺利开展，更不利于大学生的个性化发展、全面发展和长远发展。如缺乏就业管理，便难以做好高校毕业生离校前就业统计、就业发布、毕业生就业状况动态监测管理等工作，这样无法保障就业统计工作科学、规范、真实、准确，加剧就业信息不对称；缺乏就业服务，高校毕业生的某些日常事务无人过问，妨碍高校毕业生就业工作的有序开展；缺乏就业咨询，高校毕业生的身心健康无法得到保障，就业工作中原本就不足的一对一的个性化指导更加流于形式；缺乏就业教育，高校毕业生正确的人生观、价值观、世界观难以树立，就业期望值难以趋于理性和符合现实，导致高校毕业生出现更多的就业问题。

再次，高校毕业生就业工作的保障要素。高校毕业生就业工作的保障要素集中于三点：人、财、物。其中财的重要性显得尤为突出。人即为高校毕业生就业工作队伍，包括就业工作队伍的数量和质量。财即为投入高校毕业生就业工作的资金。物即为高校毕业生就业工作的开展所需的软件资源和硬件设施。只有三者皆具备且处于良好的协调关系，才能有力地保障高校毕业生就业工作的顺利开展。若缺乏对三要素的系统认识，以及要素内部关系的系统认识，高校毕业生就业工作的有序开展会显得"力不从心"。当前，贵州高校毕业生就业工作队伍面临着队伍人员素质不高和队伍规模有限的双重困境。特别是高校毕业生就业工作队伍的整体素质不高，影响了毕业生就业工作成效的有效提高。这与高校就业经费的财政支持力度不大有很大关系。目前，贵州省高校没有任何政府就业专项经费支持，仅靠学校专项就业经费开展工作。此外，高校就业经费紧张也影响到毕业生就业工作的信息化建设，导致高校毕业生就业工作信息平台的功能不完善，影响到对就业市场的人才供需研究工作。

（3）现有的高校毕业生就业工作模式滞后

贵州省高校毕业生就业工作现行的工作模式是20世纪90年代全国高校毕业生就业分配制度改革后逐步形成的。主要内容是帮助高校毕业生了解国家就业政策，进行择业技巧的"包装"和一些简单的职业指导，目的是使毕业生树立正确的择业观念，从而及时、顺利就业。这种临时突击型的就业工作模式注重就业指导的实用性、速效性、技巧性，是程序式、被动式、经验式的指导，忽视了就业指导的科学性、前瞻性和创造性，缺乏系统的理论和科学的方法支撑。从总体上看，大学生就业指导虽然普遍得到了重视和加强，但是通过深刻分析可以看出，贵州高校由于受传统计划经济的影响较深，沿袭计划经济模式的惯性较大。同以市场为导向的"双向选择，自主择业"的高校毕业生就业制度改革的不断深入和推进程度相比，贵州省高校毕业生就业指导服务工作表现出明显的滞后性，存在着许多不能适应市场经济和高等教育大众化发展的方面。

现有的发展滞后的贵州省高校毕业生就业工作模式的运行致使高校的就业工作仍浮于表面，过于简单和雷同，处在被动应付和"临阵磨枪"阶段。突出表现为就业工作：在毕业年级开展的多，在其他年级开展的少；高校就业指导中心和学生工作部门工作人员重视的多，学校其他工作部门和教职工参与的少；带有功利性和支招式指导的多，结合职业生涯发展指导的少；开展普遍性思想教育指导的多，个性化指导的少；笼统泛泛式的指导多，针对高校毕业生就业心理问题指导的少；满足于追求表面就业率的多，深入研究探索就业问题的少。随着贵州省经济社会不断发展和就业形势日益变化，原有的高校毕业生就业工作模式难以从根本上帮助高校毕业生制定职业生涯和学习生涯规划，不能较好激发其自主成才意识，不能更好地促进大学生可持续发展。现行的高校毕业生就业工作模式已经不能充分符合社会现实的需求，取得的成效微乎其微。

（4）缺乏对新形势下的就业工作模式化发展的理论建构

理论是对事物内在本质、必然规律的反映，是在某一活动领域中联系

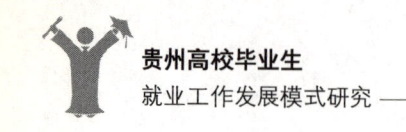

实际推演出来的概念或原理。理论构建泛指提出或建立理论体系的过程，科学意义上的理论构建，侧重于通过经验研究，以可验证的方式对某类社会现象作出系统性的解释。开展高校毕业生就业工作，既要求毕业生就业工作者面向就业现实，深入实际，切实解决就业问题，又要求他们积极进行理论建构，用科学的理论去观察现实和解决现实问题。

可见进行新形势下的就业工作模式化发展的理论构建需要高校毕业生就业工作者具有创新意识、较高的理论素养和良好的综合素质。反观目前贵州省高校毕业生就业工作队伍的状况，整体素质不高，实现建设一支业务精、能力强、素质高的专业化和专家化的就业工作队伍的目标还必须作出艰辛的努力。目前贵州省高校缺乏对新形势下的就业工作模式化发展进行理论建构的高素质研究队伍。其次，对新形势下的就业工作模式化发展的理论建构不仅需要就业工作者对高校毕业生就业工作经验进行概括和总结，更重要的是对高校毕业生就业工作的实践活动、实践经验和实践成果进行积极的批判性反思、规范性矫正和理想性引导，实现理论对实践的超越并促进实践活动的自我超越。这对贵州省高校毕业生就业工作者提出了更高的要求。特别是其要求毕业生就业工作者一方面对贵州省高校毕业生就业工作的实践活动、实践经验和实践成果进行积极的批判性反思、规范性矫正和理想性引导，真正把握住贵州省高校毕业生就业工作的实践规律；另一方面加强对新形势下的就业工作模式化发展的理论建构，并用该理论指导高校毕业生就业工作的有效开展，同时促进高校毕业生就业工作模式能够在不断变化的形势下持续进行自身完善。这些理论建构的要求几乎是难以实现的。因为，从目前贵州省高校毕业生就业工作的开展情况看，高校就业工作者多是借用国外的相关理论或者借鉴国内其他高校的就业工作经验来指导本校毕业生就业工作的开展，在理论建构方面明显不足或缺乏。

综上，缺乏对新形势下的就业工作模式化发展的理论建构，导致对贵州省高校毕业生就业工作的科学和有效开展指导不足，对新形势下影响贵州省高校毕业生就业工作的新因素缺乏系统认识，对贵州省高校毕业生就业工作模式的科学发展构成了阻碍。

# 3 贵州高校毕业生就业工作模式发展的必要性

伴随全国高等教育的大众化发展，贵州省高等教育也迈入新的发展阶段。在国际金融危机影响下，贵州省高校毕业生就业工作面临新的挑战。因此，贵州高校毕业生就业工作模式化发展尤其必要。

## 3.1 当前我国高校毕业生就业工作面临的主要形势

### 3.1.1 世界经济危机对高校毕业生就业的不良影响

长期以来我国实行的是出口导向型的经济政策，我国经济增长绝大部分靠外需，对外经济依存度较高。2008年发生于美国进而蔓延全球范围的金融危机带来的全球经济滑坡导致消费需求下降，投资需求萎缩，从而引起对新增劳动力需求的大幅减少，并进一步传导到实体经济，大批制造企业倒闭。最直接明显的影响是从事制造业的大批工人失业、大学生就业形势更加严峻。

由于高校毕业生就业属于新的增量就业，因此，宏观与微观经济环境变化对其影响很大。金融危机对高校毕业生就业的影响主要体现在以下三个方面：

（1）就业机会减少，高校毕业生就业难

金融危机对于就业的影响主要表现在金融业自身和相关产业的连锁反

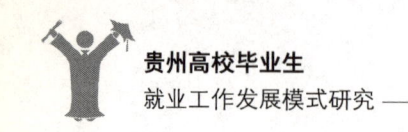

应两方面。无论是发达国家,还是发展中国家,金融业在高素质人才就业中的作用举足轻重。金融危机导致金融业的亏损和经营状况恶化,直接导致从事金融业的大量人员失业。❶此外金融业作为生产性服务业,其业务领域渗透到每个产业,尤其是制造业、建筑业等高投资性行业,通过对相关产业的影响,加剧了失业状况。金融危机使得全球经济进入萧条时期,总体社会需求减少,造成国内加工制造业的不景气,很多厂家纷纷停产或减少生产。另外,随着制造业和一些现代服务业的不景气,其他服务业也受到很大影响,对人力资源的总体需求在不断减少。

(2)高校人才培养模式和结构受到挑战

一方面,金融危机对于就业的影响主要表现在金融业自身和相关产业的连锁反应两方面,所受影响的行业大多数属于现代性质的产业,这是由产业结构决定的,然而这些产业的发展速度减缓使得就业机会减少,就业岗位增长缓慢,对高校毕业生就业影响最为显著。另一方面,在金融危机时期,制造业亏损,服务业不景气,产业结构不但遭到了严峻挑战,而且产业结构调整存在着困难,这给高等教育带来了难题。高等教育的人才培养模式是经过长时间积累形成的,尤其培养周期和固定模式,具有一定的培养层次和结构。在这种情况下,即使高等教育机构及时地获取了当前社会和产业对人才需求的变动,也不能够迅速做出调整。突如其来的金融危机使得高校毕业生来不及反应,就被卷入就业压力的洪流中。

(3)就业门槛提高,高校毕业生就业优势削弱

金融危机通过投资、消费和产业链传导到实体经济,并进而对实体经济逐渐产生了深远影响,我国东部沿海省份地区,如广东、江苏、浙江三省就有大批以出口为导向的制造企业倒闭,大量农民工纷纷失业被迫返乡。许多大公司为了度过"严冬",纷纷通过减少开支、进行裁员等途径,

---

❶ 章军. 经济危机下大学毕业生就业难的原因及对策分析[J]. 理论界,2010(11):180.

节省成本。高校扩展以来,高校毕业生数量逐年供大于求的严峻形势使得用人单位在就业市场中占主动地位,不断提升招聘条件,人才高消耗的现象普遍存在。一方面,高校毕业生在应聘中没有任何工作经验优势,受到用人单位的冷落;另一方面,由于对就业市场的未知,高校毕业生很难明确自身的定位,甚至不能建立自己成功就业的自信。这无疑对高等教育提出了巨大的质疑,而且对高校毕业生提出了极大的挑战。

3.1.2 高校毕业生就业的供需矛盾和结构性矛盾突出

(1)高校毕业生供求数量的缺口逐年增大

从毕业生的供给量角度看,近年来高校毕业生供给数量不断加大。从1999年起,我国各高校连续扩大招生规模,使高等教育进入了一个新阶段。2010年,全国普通高校应届毕业生规模为630万人;2011年,全国普通高校应届毕业生规模为660万;2012年,全国普通高校应届毕业生规模达到680万人;2013年,全国普通高校应届毕业生规模达到699万人。

从需求量角度看,虽然社会对高校毕业生的需求也有所增多,但需求增长率远远落后于高校毕业生的供给增长率。根据《劳动和社会保障事业发展的"十二五"规划纲要》的测算:"十二五"时期,城镇新增就业4500万人,平均每年增加900万人。根据《人力资源社会保障部就业促进司2013年工作要点》规定,2013年就业工作目标任务是:全年城镇新增就业人员900万人以上,失业人员再就业500万人,就业困难人员再就业120万人,城镇登记失业率控制在4.6%以内。考虑到城镇新增就业人口中还有农村富余劳动力、中专毕业生以及城镇其他新增劳动力等,这900万新增岗位留给高校毕业生的不可能超过280万。即使按照280万计算,2013年高校毕业生供需数量之间仍然存在近420万的缺口。

(2)高校毕业生就业的结构性矛盾普遍存在

高校毕业生就业难不仅体现在总数方面,还体现在结构方面,因为供给和需求往往存在着结构性不匹配问题。近年来,地区、行业、专业等就业供求结构性矛盾非常突出,主要体现在:

第一,从地区分布看。东部省市将继续吸纳全国半数以上的高校毕业

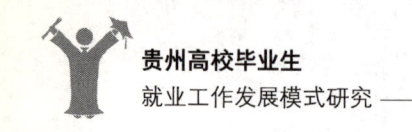

生，西部省区接收高校毕业生的比例依然不高。东部需求旺盛、西部需求不足现象将依然存在。北京市、上海市、广东省、天津市、浙江省等经济较为发达地区的高校，其毕业生就业率将和往年基本持平，甚至有个别地方可能比往年好，这主要得益于当地经济和社会的快速发展。对于贵州省、安徽省、广西壮族自治区、云南省等经济欠发达的中西部地区，尽管高校相对较少，毕业生也不如高校密集地区多，但是由于连年扩招，毕业生总数也相当可观，加之这些地区的高校普遍档次不高，优质就业岗位遭受外地区高档次高校毕业生的竞争，使得本地区高校毕业生就业更为困难。

第二，从行业角度看。高校毕业生就业难并非所有的行业就业都难，由于外部宏观环境的变化，某些行业毕业生需求有明显的变化，甚至出现人才供给小于需求的现象，如电子信息类、汽车类、物流类、建筑类和新材料类的人才需求旺盛，而人才培养速度较慢。另外，由于这几年的宏观调控，毕业生需求可能会有一些变化，如一些服务行业对毕业生的需求有所下降，如房地产业，随着一系列的宏观调控措施的出台和实施，人才需求量走低，薪酬水平回落，并趋于较为合理的水平。而受全球经济危机的影响，国际贸易等涉外行业的就业也普遍不理想。

第三，从专业角度看。工科和应用性较强的学科专业的毕业生就业形势保持较好的就业态势，而一些"时髦专业"和文科专业毕业生的就业困境难以打破。专业趋同现象对毕业生就业造成的不利影响进一步显现。工商管理、行政管理、公共事业管理、文秘、电子商务、计算机、会计等专业的毕业生面对的是竞争更为激烈的就业市场。

第四，从学历结构看。由于毕业生人数激增，特别是硕士研究生和博士研究生大幅度增多，用人单位可以有更多的选择机会，人才高消费现象普遍存在，因此与本科生、硕士研究生、博士研究生相比，高职大专就业空间日益逼仄，大部分专科和高职毕业生就业较为困难，就业率不理想。当然也有个别技能性较强的高职专业就业不错，甚至超过本科生。与大专高职生相比，本科生就业较为稳定，也可以说是本科生稳定的就业率托住高校毕业生就业率的整个大盘。与低学历相比，硕士研究生和博士研究生就业率较高，有些高校、某些专业甚至可以达到100%。但是即便如此，由于硕士、博士研究生扩招速度过快，硕、博毕业生培养质量出现滑坡等问题，加之，社会需求量增长相对较慢，用人单位选拔高端优秀人才逐渐务实，近年来，硕士、博士研究生的就业率出现了下降的趋势，一些高校的硕士研究生、博士研究生也出现就业难的现象。

3.1.3 高校毕业生就业工作面临新的挑战

面对日益严峻的就业形势，高校毕业生就业工作面临一些新挑战，主要体现在以下方面：

（1）当代高校大学生的特点鲜明，就业教育急需创新

高校毕业生就业工作是集就业指导、就业教育、就业咨询和就业管理于一体的工作，是服务、教育、培养人才的工作，是引导、激发青年学生成长成才、敢于尝试、不断创新的工作。作为近些年来大学生的构成群体，"80后""90后"由于受成长环境影响，他们的个性、思想、行为、价值取向、心理和需求等方面都呈现出许多新特点，如自我自主但独立能力缺乏、勇于担当但吃苦能力欠缺、个性自信但规则能力弱、能力突出但功利意识强等。同时随着各高校招生规模的不断扩大、学分制的施行、多校区办学、建设大学园区等新情况的出现，使得与广大青年学生有着密切联系且又是高等教育重要育人方式的毕业生就业工作遇到了新挑战，这就要求对当前高校毕业生就业教育的方法、内容、途径等作出前瞻性的探索和思考。

（2）网络技术水平不断提高，就业指导和信息服务水平需要进一步提升

利用网络信息寻找工作是目前高校毕业生普遍采用的求职方式，具有成本低、效率高等特点。近年来，随着我国高校就业指导部门工作的不断深入，信息服务水平得到了一定程度的提高，但与高标准就业的信息服务还有不短的距离，表现在：就业信息不足，很多网站的用人信息不仅数量少，而且时效性较差；此外，信息的共享程度不高，仍未实现完全意义上的互联互通和信息共享。因此，进一步提高就业信息的数量和质量，提升就业指导服务的质量和水平，将是高校急需解决的重要问题之一。

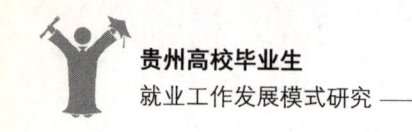

（3）就业门槛不断提高，大学生就业能力亟待提高

在金融危机的影响下，一些大企业、大公司纷纷减员、裁员，由于不满足过低收入以及工作环境而跳槽的也不乏其人。特别是跳槽者，他们具有一定的技术或管理能力，在工作经验和相对务实的就业观念上强于应届大学毕业生，因此更富竞争力。企业的选择余地大，因而条件和门槛也就越来越高，要求应聘者不仅具有外语、计算机和专业特长，而且要有一定的工作经验。这事实上已将大部分高校毕业生拒之门外。由于人才市场主体角色的转换，用人单位的招聘方式也随之而变。招聘会上几乎所有的用人单位都本着宁缺毋滥的原则挑选毕业生。显然，我国高等教育就业危机已经显现，在世界经济普遍不景气的形势下，这些曾经的"天之骄子"，在产业链的新一轮调整中几乎沦为弱势群体。因此，新的形势下，高校毕业生就业工作者必须不断提高自身的综合素质，建设一支素质高、能力强、业务精的毕业生就业工作队伍。同时，通过与学校教学部门的教学合作、就业实习基地建设等途径帮助高校毕业生提高自身的综合素质和综合能力，形成特色化的毕业生就业工作。

（4）传统就业观念影响，毕业生就业期望值居高不下

由于大学生尤其父母亲受传统就业观念的影响，就业定位存在偏差以及带有很强的功利主义倾向。例如，"一次就业定终生""铁饭碗""国营企业""政府单位"等，对大学生顺利就业形成了极大的障碍。此外，由于生活成本不断提高，即使在金融危机的影响下，毕业生普遍提高就业的期望值，如高校毕业生普遍选择较高的职业取向、较好的择业标准、过高的薪金期望值等，部分毕业生的就业期望值甚至呈现非理性的偏高状态。

（5）自主创业率低，毕业生创业教育有待进一步开展

前中共中央总书记胡锦涛在党的十七大报告中指出，要"促进创业带动就业""使更多劳动者成为创业者"。但从近年来高校毕业生的就业去向来看，自主创业的学生比例还不到1%。这一方面是因为学生还没有形成创业意识，创业能力有待进一步提升；另一方面则是由于还没有形成良好

的社会和经济环境来支持高校毕业生的创业行为。完善创业政策，加强创业教育，培养学生的创业意识、创业能力，并开展有针对性的创业实训和学习实践活动，加大支持力度，为学生创业提供宽松的环境，充分发挥高校毕业生创业带动就业的倍增效应，将是今后高校毕业生就业工作的一个发展方向。

总体来看，就业形势日新月异，高校毕业生就业工作面临诸多新的挑战。可以预见，在今后相当长的一个时期内，如何有效应对高校毕业生就业工作面临的新挑战将作为毕业生就业工作的主要方面。如何认清形势，有效应对挑战，抓住机遇，全面而有效地扩大就业规模、改善就业结构、进而解决毕业生就业问题，将是今后政府部门、高校和社会用人单位努力的方向。这需要高校毕业生就业工作人员以锐意进取、勇于探索的精神，在有效解决就业问题的同时抓住宝贵的机遇，不断开创高校毕业生就业工作的新局面。

## 3.2 贵州高校毕业生就业工作发展的主要背景

### 3.2.1 贵州高等教育进入大众化阶段

伴随全国高等教育在整体上进入大众化阶段，贵州省的高等教育也已呈现出大众化的发展态势，进入了一个新的发展阶段。扩招前的1998年全省普通高校本、专科招生14486人，全省高等教育毛入学率3.6%。到扩招开始的1999年全省普通高校本、专科招生24810人，比1998年的14486人增长71.3%，是贵州省建国以来招生人数最多的一年，使全省高等教育毛入学率由3.6%提高到4.2%。高考招生录取率达52.6%，比全国平均录取率48.2%高4.4%。以后全省普通高校本、专科招生数量逐年增长，到2012年教育部下达贵州省的招生计划数共187266人，比去年同期的165177人增加22089人，增长率为13.37%。2012年高考录取率约为75.49%，较去年同期的70.13%上升5.36%，高等教育毛入学率达到30%。

从图3-1可知：在全国高校扩招的背景下，近五年中，贵州省高考

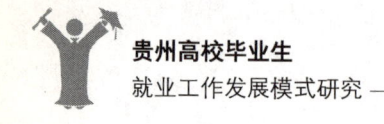

招生人数（2008年112902；2012年计划招生187266人，实际招生数量大于187266人）逐年增加，递增趋势变缓；在校本、专科人数也不断增加（2008年267526人，2012年383784人）；毕业生数量逐年递增（2008年68585人，2012年92110人）。

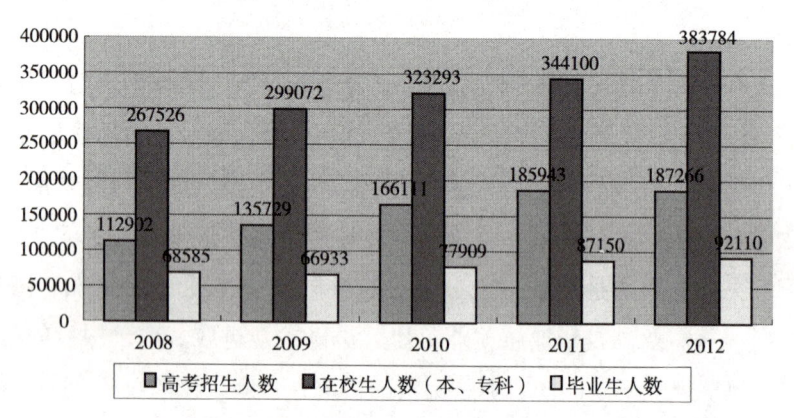

**图 3-1　2008—2012年贵州省高校招生、在校生、毕业生数量**

注：图中数据根据2008—2012年各年贵州省教育统计年鉴整理而得。

从图3-2可知：贵州高考录取率、毛入学率呈逐年递增的趋势，需要说明的是2012年贵州省高考录取率75.49%是教育部的计划录取率，但实际录取率可能远高于该数值（例如：2011年教育部下达贵州省的招生计划数共计165177人，录取率为70.13%，最终录取数为185943人，录取率达到78.94%）。

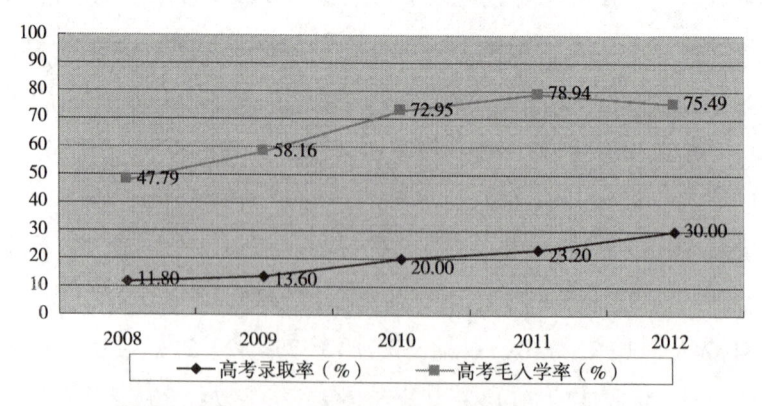

**图 3-2　2008—2012年贵州高考录取率、毛入学率**

注：图中数据根据2008—2012年各年贵州省教育统计年鉴整理而得。

## 3 贵州高校毕业生就业工作模式发展的必要性

### 3.2.2 贵州省经济社会快速发展

在党中央、国务院的正确领导和大力支持下，贵州省在经过"九五""十五""十一五"三个计划时期的经济社会发展后，在"十二五"计划时期开始了新的征程。

"九五"时期，贵州省人均国内生产总值提前实现比1980年翻两番的目标，国内生产总值从"八五"期末的630亿元增加到2000年的933亿元，年均增长8.7%。其中农业增加值年均增长3.3%，工业增加值年均增长10.5%，第三产业增加值年均增长10.1%。❶经济增长速度连续四年高于全国平均水平，综合经济实力登上了一个新的台阶；大多数贫困人口基本解决了温饱问题，城镇居民和近1/3的农户生活水平总体达到小康；社会主义市场经济体制初步建立，经济发展的体制环境发生了新的变化；正确处理改革、发展、稳定的关系，精神文明和民主法治建设取得新的进展，各项社会事业全面进步。

"十五"时期，贵州省坚持以邓小平理论和"三个代表"重要思想为指导，全面贯彻科学发展观和构建社会主义和谐社会的重大战略思想，全面推进西部大开发，认真实施西部大开发战略。期间，贵州省生产总值从2000年的1029.9亿元增加到2005年的1910亿元，年均增长10.2%左右。其中三次产业年均分别增长3.7%、12.7%和11.7%。财政总收入和地方财政收入分别由153亿元和85.2亿元增加到366.3亿元和182.4亿元，均比2000年翻了一番，年均分别增长19.1%和16.4%。金融机构存贷款余额分别达到2777.5亿元和2303.9亿元，是"九五"期末的2.51倍和2.61倍。❷"十五"期间，贵州省委、省政府认真落实中央宏观调控的政策措施，牢牢把握住机遇、加快发展富民兴黔的第一要务，聚精会神搞建设，一心一意谋发展，胜利完成了"十五"计划，经济增长速度明显加快，质量和效益显著提高，综合经济实力迈上新的台阶。

---

❶ 龚晓宽. 贵州经济社会发展60年研究[M]. 北京：中央文献出版社，2009：348-349.
❷ 龚晓宽. 贵州经济社会发展60年研究[M]. 北京：中央文献出版社，2009：348-349.

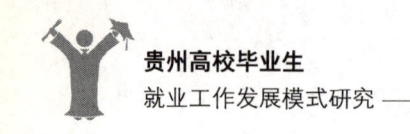

"十一五"时期,是贵州省实施西部大开发战略"十年重点突破"和实现富民兴黔宏伟目标的关键时期。尽管受到国际金融危机的影响,经济增速受到影响,但从总体上看,贵州省 GDP 从 2006 年的 2338.98 亿元增加到 2010 年的 4602.16 亿元,其中三次产业产值从 2006 年的 382.06 亿元、967.54 亿元、989.38 亿元分别增长到 2010 年的 625.03 亿元、1800.06 亿元、2177.07 亿元,全省经济社会发展,改革开放深入推进,人民生活不断改善,经济实力明显增强。❶

"十二五"时期,贵州省进入了一个新的发展阶段。国务院颁布了国发〔2012〕2 号文件,即《国务院关于进一步促进贵州经济社会又好又快发展的若干意见》。国发〔2012〕2 号文件是首个从国家层面系统支持贵州省发展的综合性政策文件,从 7 个方面提出了一系列加快贵州省发展的支持政策,明确要在贵州省实施 13 项试点、17 项示范、13 项专项规划、176 个重大建设项目;❷是指导当前和今后一个时期贵州省经济社会发展的纲领文件,是党中央、国务院在贵州省发展的关键时期作出的重大战略决策,对贵州省发展具有划时代的里程碑意义。因此,可深信,在党中央、国务院的指导下,在贵州省委、省政府的领导和全省人民的努力下,在"十二五"时期,贵州省将继续腾飞,继续经济社会跨越发展的大好形势。

### 3.2.3 贵州三次产业结构加快转型

产业结构是国民经济不同产业部门之间的构成和比例关系。产业结构不是固定不变的,而是随着社会经济的发展,随着社会生产力水平的提高,各产业部门之间的比例也是在不断变化的。贵州省由于本身独特的省情,工业化长期滞后,工业化率落后于全国平均水平,很大程度上限制其发展。但近几年随着贵州省经济发展战略的实施,在全省人民的共同努力下,贵州省经济社会得到了快速发展,贵州省产业结构发生了历史性的变

---

❶ 2011 年贵州省人民政府工作报告[N].贵州日报,2011-1-19.
❷ 人民网 – 贵州专题:http://gz.people.com.cn/GB/195053/336975.

## 3 贵州高校毕业生就业工作模式发展的必要性

化(表3-1)。

表3-1  2000—2012年贵州省三次产业产值演变情况

| 年份 | GDP（亿元） | 一产业（亿元） | 二产业（亿元） | 三产业（亿元） | 一产业占比（%） | 二产业占比（%） | 三产业占比（%） |
| --- | --- | --- | --- | --- | --- | --- | --- |
| 2000 | 993.32 | 270.26 | 385.68 | 337.38 | 27.21 | 38.83 | 33.96 |
| 2001 | 1133.27 | 274.41 | 433.52 | 425.34 | 24.21 | 38.25 | 37.53 |
| 2002 | 1180.00 | 257.95 | 462.21 | 459.84 | 21.86 | 39.17 | 38.97 |
| 2003 | 1426.34 | 298.69 | 569.37 | 558.28 | 20.94 | 39.92 | 39.14 |
| 2004 | 1677.80 | 328.51 | 680.68 | 668.60 | 19.58 | 40.57 | 39.85 |
| 2005 | 2005.42 | 368.94 | 821.16 | 815.32 | 18.40 | 40.95 | 40.66 |
| 2006 | 2338.98 | 382.06 | 967.54 | 989.38 | 16.33 | 41.37 | 42.30 |
| 2007 | 2884.11 | 436.65 | 1198.06 | 1249.40 | 15.14 | 41.54 | 43.32 |
| 2008 | 3561.56 | 539.19 | 1370.03 | 1652.34 | 15.14 | 38.47 | 46.39 |
| 2009 | 3212.68 | 550.27 | 1476.62 | 1185.79 | 17.13 | 45.96 | 36.91 |
| 2010 | 4602.16 | 625.03 | 1800.06 | 2177.07 | 13.58 | 39.11 | 47.31 |
| 2011 | 5601.84 | 726.22 | 2234.02 | 2641.60 | 12.96 | 39.88 | 47.16 |
| 2012 | 6802.20 | 890.02 | 2655.39 | 3256.79 | 13.08 | 39.04 | 47.89 |

注：表中数据根据2000—2012年各年贵州省统计年鉴整理而得。

在进入新世纪的头13年中，贵州省第一产业产值占GDP的比重逐年递减，第三产业产值占GDP的比重逐年递增。2000—2005年，产业结构类型为"二三一"，第二产业产值占GDP的比重最大，对GDP增长的贡献最大，其次为第三产业产值，第一产业产值所占比重最小。2006—2011年，贵州省的产业结构发生了历史性转变，产业结构由过去的"二三一"转变为"三二一"，第三产业产值占GDP的比重最大，对GDP增长的贡献最大，其次为第二产业产值，第一产业产值所占比重最小。所以，从"十一五"规划后(2006年至今)贵州省产业结构的类型为"三二一"，第三产业产值占GDP的比重超过了第二产业产值占GDP的比重(图3-3)。

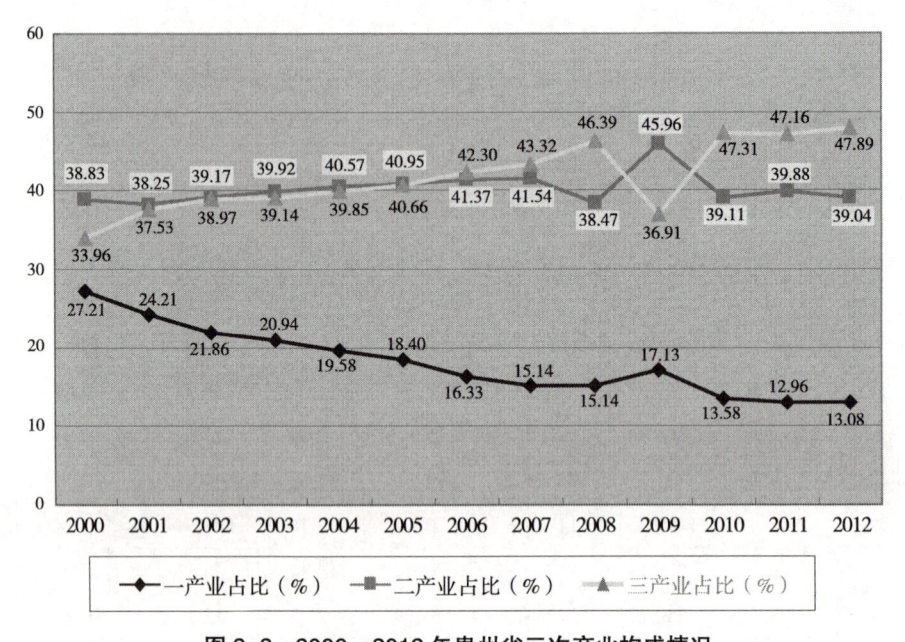

图 3-3　2000—2012 年贵州省三次产业构成情况

注：图中数据根据 2000—2012 年各年贵州省统计年鉴整理而得。

## 3.3　贵州高校毕业生就业工作模式发展的价值与意义

对基于独特省情和校况的贵州高校毕业生就业工作发展模式进行研究，无论是对于高校教学质量的提高、毕业生就业工作的科学发展，还是高校毕业生就业竞争力的提升都具有重要的意义。其价值和意义主要体现在以下几个方面：

### 3.3.1　有利于促进贵州高校毕业生就业问题的系统解决

高校毕业生就业问题体现在多个方面，如毕业生的就业期望值偏高、就业心理压力大、就业供需矛盾和结构矛盾突出、就业信息滞后、就业管理缺位、就业观念不现实等。为有效解决高校毕业生的就业问题，政府和高校陆续制定了一些政策和采取了一些措施，大学生就业问题在一定程度上得到了解决。但是由于这些政策和措施往往体现出临时性特征，以应急、特事特办为主，系统性不足，不同程度上体现"头痛医头、脚痛医脚"

的弊端。大学生就业问题的长久性要求所需政策和措施能够很好地体现基础性、长期性、系统性、前瞻性的特征,即政策和措施支持必须立足长远,从根本上有效地解决大学生就业问题。也就是说,需要从产生大学生就业问题的基本原因上来寻求相关政策和措施支持。

贵州高校毕业生就业工作发展模式着眼于贵州省情和高校整体情况,坚持高校毕业生就业工作应着重树立"以学生为本""全程化"和"质量意识"的工作理念,强调"以市场为导向"的人才培养体制的建立。这对系统解决高校毕业生的就业问题具有重要的作用。首先,着眼于贵州省情和高校实况能够促使高校毕业生就业工作找准方向。这能够让高校毕业生的就业工作注重就业市场的变化,以市场的发展变化作为有效开展毕业生就业工作的前提条件,改变以往高校毕业生就业工作"闭门造车"的工作方式。其次,三个工作理念的树立能够有利于高校大学生的个性化发展和全面发展。"以学生为本"的理念,强调以平等、互动的模式促进大学生全面协调可持续发展;"全程化"的工作理念,强调就业工作不但要实现从大一新生到大四毕业生的全程化,而且要贯穿渗透到高校教学、管理、服务工作和活动的全过程中;"质量意识",强调不断提高大学生的培养质量,是搞好大学生就业指导教育工作的关键所在。做好大学生就业指导工作,除了在大学生就业指导工作过程中采取切实有效的措施外,更应注重高校大学生就业指导教育前的培养质量,增强学生在就业市场的竞争力。再次,强调"以市场为导向"的人才培养体制的建立有利于促进高校毕业生就业结构矛盾的缓解。"以市场为导向"的人才培养体制的建立主要表现为市场—招生—培养—就业四级联动的人才培养模式的有效运行。高校通过科学设置符合市场需求的学科专业的方式,在此基础上进行招生和人才培养,使高校毕业生的就业能力和综合素质能够满足用人单位的需求。

3.3.2 有利于促进贵州高校毕业生充分有效就业

高校毕业生的有效就业需要毕业生自身的就业能力能够有效满足用人单位的需求,实现及时顺利就业的目标。同时,还需要社会提供恰当数量的就业岗位,能够有效容纳大量的高校毕业生。

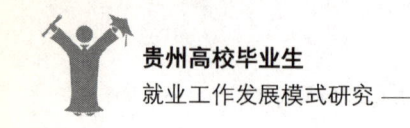

贵州高校毕业生就业工作发展模式一方面强调以市场为导向的人才培养体制的建立，革新高校人才培养模式，能够有效优化大学生知识结构，不断提升大学生的综合竞争能力，培养适应贵州未来经济社会发展需求的人才；另一方面借助"双平台、双层次"创业教育模式，对贵州高校大学生进行层次性、重点性、目的性的创业教育。希望借助社会就业观念转变的契机，实现"创业带动就业"口号的目标。

### 3.3.3 有利于促进贵州高校毕业生就业工作科学发展

高校毕业生就业工作科学发展必须具备相应的条件，如先进的工作理念、恰当的工作方式、新颖的工作内容、前瞻的工作战略等。贵州高校毕业生就业工作发展模式具有动态性、发展性、适应性的特征。其动态性特征要求根据高校毕业生的需求和不断变化的就业形势开发新的高校毕业生就业工作服务项目，并且把高校毕业生的就业状况作为高校招生和高校学科专业调整的依据。因此，这要求高校毕业生就业工作者具备"以学生为本"的先进工作理念，用平等和互动的工作模式实现促进大学生全面协调长远发展的目标。同时采用以大学生感兴趣和乐于接受的就业工作方式开展毕业生就业工作，达到寓教于大学生学习、生活的各领域和环节。贵州高校毕业生就业工作发展模式的发展性特征要求毕业生就业工作的理念不断发展、就业工作的内容和形式持续创新。适应快速变化的就业环境需求。此外，贵州高校毕业生就业工作发展模式的适应性特征强调高校毕业生就业工作注重社会调查研究和社会经济形势的预测，为高校持续发展提供有效的决策依据。这同样要求高校毕业生就业工作者具有"创新意识"的先进工作理念和前瞻性的就业工作战略，以高瞻远瞩的姿态推进高校毕业生就业工作科学发展。因此，贵州高校毕业生就业工作发展模式能促使就业工作者不断探索高校大学生就业指导工作的新机制、新体系、新模式，不断研究就业工作中出现的新情况和新问题，推动贵州高校毕业生就业工作取得新进展。

### 3.3.4 有利于促进贵州高校教育教学改革

贵州高校毕业生就业工作发展模式注重高校课程体系设置应该明确认

识专才教育和通才教育的关系。强调通才教育与专才教育并不是一对矛盾体，相反地，为适应当前贵州经济社会发展需求，应以专才教育基础上的通才教育、通才教育背景下的专才教育为培养目标。其认为通识教育主要在一、二年级实施，宽口径的专业教育主要在三、四年级实施，将普通教育和专业教学有机结合，实施通才教育基础上的宽口径专业教育，不但有利于大学生个人的长远发展，而且利于全面培养适应贵州未来经济社会发展所需求的专业型和综合型人才。所以，贵州省各高校应根据市场需求，坚持通识教育厚基础、专业教育宽口径的原则，科学设置高校课程体系，明确设定贵州高校大学生要培养的核心竞争能力。在高校设置课程体系上，不仅拓宽公共基础课程平台，扩大大学生的公共基础知识，拓展通才教育；而且要科学设置合理的专业课程体系，既要设置核心专业课程，又要设置与专业课程交叉的其他相关课程，提供符合社会企业要求和大学生特征的学习课程，加深大学生的专业基础知识，深入发展专才教育。此外，贵州高校毕业生就业工作发展模式认为高校应该赋予大学生灵活多样的选课自主权，跨专业选修自己感兴趣的课程；跨院系选修自己感兴趣的专业课程或者与本专业相关的其他课程；跨院校选修其他高校有特色优势的相关专业课程，以便学生能根据就业市场对高校大学生知识和能力的需求变化，迅速调整专业知识的学习方向，弥补知识、能力不足的缺陷。

### 3.3.5 有利于促进贵州高校大学生的职业生涯发展规划

贵州高校毕业生就业工作发展模式注重对就业工作内容进行创新，建立系统的有机联系的贯穿大学始终的、以职业生涯发展规划为基础的就业工作内容，实现更好地促进高校大学生职业生涯发展规划的目标，帮助高校毕业生充分有效就业。如以贵州高校本科生的就业工作为例，应该是四个阶段相互贯通、有机连成，形成较为完善的系统的就业工作体系。在大一学年，应该着重提供心理辅导。帮助大学生顺利实现由中学到大学的角色转变，并进行人生观、价值观、成才观、荣辱观教育，认清毕业时将要面临的就业压力，将压力转为整个大学阶段的学习动力。帮助大学生发现和了解自己的兴趣和爱好特长，结合自己所学的专业，制定出符合个人成

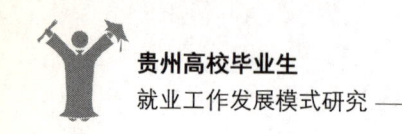

长与发展的奋斗目标。在大二学年，应着重进行综合能力的培养。在这个阶段可请能力较强、全面发展的高年级学生与二年级学生座谈如何提高综合素质和能力，请走上工作岗位取得好成绩的校友谈工作体会和社会需要大学生具备什么样的素质和能力，也可以请用人单位谈他们对人才的素质要求等。通过经常性的熏陶和培养，使提高自身的综合能力成为大学生的自觉追求，并在此基础上，引导其不断进行自我完善和塑造，进一步确认职业目标。在大三学年，应着重进行社会实践锻炼。帮助三年级的学生们认清所适应的工作领域，并与自己的特点和能力相对照，培养和发展与其职业目标相适应的素质优势，或对其原定的职业目标作出调适。在大四学年，应着重进行成才指导。指导主要围绕价值观引导、就业形势、信息服务、政策咨询、技巧商谈、心理调适等方面展开。通过四年系统的指导，使学生具有就业、自主择业、自主创业的基本素质。

# 4 贵州高校毕业生就业工作发展模式的影响因素分析

贵州高校毕业生就业工作发展模式随着外在客观环境的变化而不断发展，表现出独特的演进规律，受诸多因素影响。本书从贵州高校高等教育结构、贵州高校学科专业特点、贵州高校毕业生就业工作理念、贵州区域文化心理四个方面进行分析。

## 4.1 贵州高等教育结构调整

### 4.1.1 高等教育结构内涵

高校高等教育结构是指高等教育系统内各组成部分之间的联系方式和比例关系，它是一个多维多层次的复杂的综合结构，大致可分为宏观结构和微观结构两大部分。❶宏观高等教育结构主要包括层次结构、科类结构、形式结构、能级结构、地域结构（即布局）、管理体制结构等。微观高等教育结构主要包括学科专业结构、课程结构、教材结构、队伍结构、各类人员的知识结构等。

---

❶ 互动百科：http://www.baike.com/wiki.

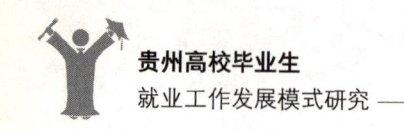

### 4.1.2 贵州高等教育结构的现状

本书对于贵州高等教育结构的现状主要从层次结构和学科专业结构两方面进行分析。高等教育层次结构又称水平结构，是指高等教育内部由于教育程度和水平的高低而形成的不同层次及其相互关系，是一种纵向结构。在我国，习惯上将高等教育分为专科、本科和研究生教育三个层次，从而形成由低到高的梯次结构。高等教育的层次结构是不断发展的，不同历史时期，社会对人才的需求有所不同，从而在一定程度上也影响了高等教育的层次结构。

（1）贵州高等教育的层次结构

第一，近五年贵州高校不同层次学生招生情况。本课题在借鉴贵州省教育厅政务网的2008—2012年各年贵州高等教育发展状况以及查阅2008—2011年各年贵州省统计年鉴的基础上，对2008—2012年各年贵州高校不同层次学生招生情况进行了研究（表4-1）。

表4-1 2008—2012年贵州高校不同层次学生招生情况

| 年份 | 2008年 | | 2009年 | | 2010年 | | 2011年 | | 2012年 | |
|---|---|---|---|---|---|---|---|---|---|---|
| | 招生人数（人） | 招生比例（%） | 招生人数（人） | 招生比例（%） | 招生人数（人） | 招生比例（%） | 招生人数（人） | 招生比例（%） | 招生人数（人） | 招生比例（%） |
| 专科生 | 52949 | 45.51 | 60611 | 43.36 | 50900 | 47.92 | 53100 | 47.95 | 58500 | 49.29 |
| 本科生 | 59953 | 51.53 | 75118 | 53.72 | 51100 | 48.12 | 53200 | 48.05 | 55350 | 46.64 |
| 硕士研究生 | 3352 | 2.88 | 3972 | 2.84 | 4137 | 3.90 | 4363 | 3.94 | 4749 | 4.00 |
| 博士研究生 | 93 | 0.08 | 100 | 0.08 | 66 | 0.06 | 68 | 0.06 | 86 | 0.07 |

注：表中数据根据贵州省教育厅政务网及2008—2012年各年贵州省统计年鉴整理而得。

从表4-1可以看出：贵州高校近五年的招生主要以专科生、本科生为主，占了95%以上的比例；硕士研究生、博士研究生占的比例不到5%，而且逐年扩招的速度较慢，显然对硕士研究生、博士研究生等高层次的专业人才培养规模小，特别是对于具有较高创新能力、独立研发能力的硕、博士研究生培养力度不足，与贵州省经济社会发展对高素质人才的需求有很大的差距。"十二五"时期贵州省重点实施"工业化强省、城镇化带动"

战略。贵州要抓住这个重大机遇实现加速发展、加快转型、推动跨越，对企业管理人才、专业技术人才、技能人才、农村实用人才、社会工作人才等高技术和高层次人才有着迫切而旺盛的需求。

贵州高校亟待调整人才培养结构，扩大硕士研究生、博士研究生高层次人才的培养规模，加大对高层次人才和应用型人才的培养力度。

第二，具有硕士、博士授予权的高校分布情况。目前贵州具有硕士授予权的普通高等学校共有8所：贵州大学、贵州师范大学、贵州财经大学、贵州民族大学、贵阳医学院、贵阳中医学院、遵义医学院、黔南民族师范学院。具有博士授予权的普通高等学校共有2所：贵州大学、贵阳医学院。可见目前贵州高校对高层次人才的培养规模还不大，而且高层次人才培养的高校分布不平衡，主要集中于贵阳，贵州其他市州内均没有博士授予权的高校分布，只有遵义市、黔南州各仅有一所硕士授予权的高校。这远不能满足贵州在"十二五"时期加快区域经济社会协调发展对高素质人才的需求。

第三，高校新增硕、博学位授权一级学科分布情况。2011年，经国务院学位委员会第二十八次学位委员会审议批准，全省新获得博士学位授权一级学科共7个，其中贵州大学6个（含1个建设学科）、贵阳医学院1个；硕士学位授权一级学科52个，其中贵州大学20个、贵州师范大学11个、贵阳医学院5个、遵义医学院4个、贵阳中医学院2个、贵州财经大学5个、贵州民族大学5个（表4-2）。

表4-2  2011年贵州高校新增硕、博学位授权一级学科分布情况

| 硕、博士学位授权一级学科数目 | 高校分布情况 |
| --- | --- |
| 博士学位授权一级学科数目（7个） | 贵州大学6个（含1个建设学科） |
| | 贵阳医学院1个 |
| 硕士学位授权一级学科数目（52个） | 贵州大学20个 |
| | 贵州师范大学11个 |
| | 贵阳医学院5个 |
| | 遵义医学院4个 |
| | 贵阳中医学院2个 |
| | 贵州财经大学5个 |
| | 贵州民族大学5个 |

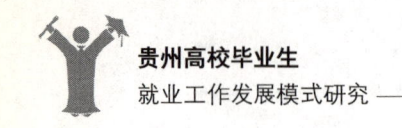

从表 4-2 可知，2011 年贵州高校新增硕、博学位授权一级学科分布呈现"一校独大"的局面，从总体上看，贵州大学的新增硕、博学位授权一级学科数量占总量的 44.07%，其他 6 所高校占 55.93%。从个体方面看，7 个博士学位授权一级学科中，贵州大学有 6 个，占 85.7% 的比例。52 个硕士学位授权一级学科中，贵州大学有 20 个，占 40% 的比例，其他 6 所高校占 60% 的比例。新增硕、博学位授权一级学科在高校分布中很不平衡，而且在区域分布上也极不平衡，绝大部分高校位于省会城市——贵阳，仅有一所位于其他地级市的高校——遵义医学院。

（2）贵州高等教育的区域结构

贵州省有普通高等学校 50 所。其中普通本科高校 26 所，其中"211"大学 1 所，省属本科院校 9 所，市（州）属本科院校 9 所，独立学院 8 所；专科高校 24 所。从区域的角度对贵州高等教育的结构进行考察：一方面可以清晰地分析贵州各区域的高等教育发展状况，如贵州高等教育的区域结构是否均衡、高等教育分布是否符合区域的经济社会发展等。另一方面可以分析各区域的人才培养状况，如各区域的人才培养类型和方式是否能够满足本地经济社会发展的需求、人才的专业知识结构是否和区域的产业发展协调等。本课题一方面从贵州省的行政区划（6 个地级市和 3 个自治州）来研究各行政区域内的高等教育结构状况，另一方面从贵州省大的空间区域划分（黔中、黔北、黔南、黔西、黔东等区位）对贵州省高等教育的区域结构进行考察（表 4-3）。通过这两种方式，希望对贵州省高等教育的区域结构有个全面和整体的认识。

## 4 贵州高校毕业生就业工作发展模式的影响因素分析

表 4-3 贵州普通高校区域分布情况[1]

| 市州名称 | 本科高校 | 专科高校 | 独立学院 |
| --- | --- | --- | --- |
| 贵阳市 | 贵州大学 | 贵州商业高等专科学校 | 贵州大学科技学院 |
| | 贵州师范大学 | 贵州交通职业技术学院 | 贵州大学明德学院 |
| | 贵州财经大学 | 贵州警官职业学院 | 贵州师范大学求是学院 |
| | 贵州民族大学 | 贵阳护理职业学院 | 贵州财经大学商务学院 |
| | 贵阳医学院 | 贵州工业职业技术学院 | 贵州民族大学人文科学学院 |
| | 贵阳中医学院 | 贵州电力职业技术学院 | 贵阳中医学院时珍学院 |
| | 贵州师范学院 | 贵州亚泰职业学院 | 贵阳医学院神奇民族医药学院 |
| | 贵州理工学院 | 贵州轻工职业技术学院 | |
| | 贵阳学院 | 贵阳职业技术学院 | |
| | | 贵州工商职业学院 | |
| | | 贵州职业技术学院 | |
| 遵义市 | 遵义医学院 | 遵义医药高等专科学校 | 遵义医学院医学与科技学院 |
| | 遵义师范学院 | 贵州航天职业技术学院 | |
| | | 遵义职业技术学院 | |
| 黔南州 | 黔南民族师范学院 | 贵州盛华职业学院 | |
| | | 黔南民族职业技术学院 | |
| | | 黔南民族医学高等专科学校 | |
| 黔东南州 | 凯里学院 | 贵州电子信息职业技术学院 | |
| | | 黔东南民族职业技术学院 | |
| 黔西南州 | 兴义师范学院 | 黔西南民族职业技术学院 | |
| 六盘水市 | 六盘水师范学院 | 六盘水职业技术学院 | |
| 安顺市 | 安顺学院 | 安顺职业技术学院 | |
| 毕节市 | 毕节学院 | 毕节职业技术学院 | |
| 铜仁市 | 铜仁学院 | 铜仁职业技术学院 | |

[1] 华禹教育网：http://www.huaue.com/gx24.htm.

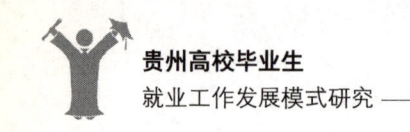

从贵州省普通高等学校的市州分布情况表分析可知：全省普通高等学校主要分布于贵阳市、遵义市、黔南布依族苗族自治州（以下简称黔南州）、黔东南苗族侗族自治州（以下简称黔东南州）。其中尤以贵阳市、遵义市居多。两市共有33所普通高等学校，占全省高校总数的66%。其中有19所本科高校，占全省本科高校总数的73%；专科高校共计14所，占全省专科高校总数的58%。位于贵阳市的普通高等学校共有27所，占全省高校总数的54%。其中本科高校共计16所，占全省本科高校总数的62%；专科高校共计11所，占全省专科高校总数的46%。位于遵义市的普通高等学校共有6所，占全省高校总数的12%。其中本科高校共计3所，占全省本科高校总数的12%；专科高校共计3所，占全省专科高校总数的13%。

从黔北（铜仁市、遵义市）、黔中（贵阳市、安顺市）、黔南（黔南州）、黔西（黔西南布依族苗族自治州（以下简称黔西南州）、毕节市、六盘水市）、黔东（黔东南州）的区域划分角度看，全省高校主要分布于黔中地区、黔北地区。黔中地区的高校数量最多，共有29所高校，占全省高校总数的58%。其中本科高校共有17所，占全省本科高校总数的65%；专科高校共有12所，占全省专科高校总数的50%。其次为黔北地区。共有8所高校，占全省高校总数的16%。其中本科高校共有4所，占全省本科高校总数的16%；专科高校共有4所，占全省专科高校总数的17%。再次为黔西地区。共有6所高校，占全省高校总数的12%。其中本科高校共有3所，占全省本科高校总数的12%；专科高校共有3所，占全省专科高校总数的13%。

4.1.3 贵州省高等教育结构调整与高校毕业生就业工作发展模式的关系分析

（1）贵州省高等教育结构调整影响高校人才培养与就业市场的匹配程度

高等教育结构调整对人才的知识培养、综合素质提高等具有重要的作用，是塑造大学生的重要途径。毕业生就业工作的对象是以处于持续塑造过程中的大学生为中心，以高等教育结构为基础。由于高等教育与经济社会发展有着密切联系——经济社会发展的速度决定高等教育的规模和结构,合理的高等教育规模和结构能够培养符合市场需求的人才,有助于促进经济社会的持续发展。因此,高等教育的结构调整必须遵守客观规律和一定原则:一是高等教育结构调整要符合普通高等教育和科学技术发展的客观规律;二是高等教育结构调整要满足经济和社会发展对人才的现实需求,以提高大学生综合素质和满足大学生未来的发展要求为根本宗旨。❶贵州省高等教育结构调整必须依据目前贵州省经济社会发展现状、未来经济社会发展目标和要求、贵州省高等教育结构存在的不足等方面做出统筹考虑,实现既能提高大学生综合素质又能促进经济社会发展的目标。此外,基于贵州省高校实况的高校毕业生就业工作发展模式强调自身的持续性、动态性发展。一方面要求根据就业市场的不断变化,创新高校毕业生的就业工作方式,促进大学生的个性化发展、全面发展和长远发展,体现"学生为本"的高校毕业生就业工作理念;另一方面要求注重社会调查研究和社会经济形势的预测,为贵州省高校的可持续发展提供有力的决策依据,体现"以市场为导向"的高校毕业生就业工作理念。因此,贵州省高等教育结构的合理调整能够促进高校的市场、招生、培养和就业联动机制建立,能够完善"以市场为导向"的多元化人才培养模式改革,能够从供需匹配的角度更好解决高校毕业生的就业结构问题。

(2)贵州省高等教育结构调整影响高校毕业生就业竞争力的提高

贵州省高等教育结构调整必须统筹考虑贵州省经济社会发展、区域特征、高校实情等。目前贵州省高等教育结构一方面在对具有独立科研能力、高素质的研究生培养规模不大和支持力度不够,另一方面各区域的高校资源分布不平衡。因此,贵州省高等教育结构调整应该注意高等教育的层次结构、区域结构等平衡和协调。同时,考虑贵州省在"十二五"时期重点发展的产业和行业,如贵州省急需的电力、煤炭、冶金、有色、化工、装备制造、烟酒、建材、民族医药和特色食品及旅游商品为主的"十

---

❶ 陈一文. 我国高等教育结构调整的思路与对策[J]. 人才与教育,2005(8):158-159.

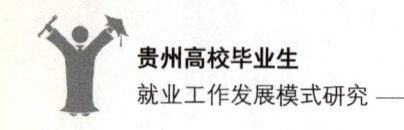

大产业"及实施城镇化带动所需要的规划、建筑、管理等相关产业和行业，为贵州省经济社会发展需要培养大量的后备人才。这有利于促进贵州省高校"以市场为导向"的人才培养模式的改革，持续关注、跟踪调研和研究就业市场，及时合理调整贵州省高等教育结构，优化高校大学生的知识结构，提升大学生的综合竞争能力，推进大学生的长远发展，培养适应贵州省未来经济社会发展需求的人才。

（3）贵州省高等教育结构调整影响高校毕业生就业工作的方向

贵州省高等教育结构调整需要统筹考虑贵州省情、各区域特征、贵州省高校实际情况、贵州省未来经济社会发展目标等各方面的情况。因此，贵州省高等教育结构调整既要符合普通高等教育的客观规律，又要满足经济社会发展的需求。贵州省高等教育结构进行调整，贵州省高等教育的层次结构、科类结构、专业结构、区域结构等会随着发生相应的变化，大学生的知识结构、综合素质、就业竞争力等会发生改变，从而塑造出在个性、思想、行为、价值取向、知识构造和需求等方面都呈现出许多不同特征的高校大学生。而高校大学生是毕业生就业工作的直接对象，贵州省高校毕业生就业工作必须根据不同教育层次的高校大学生的个性发展特征、知识结构和综合素质状况等制定相应的高校毕业生就业工作目标和内容，开展相应的高校毕业生就业工作。如贵州省高等教育层次结构的合理调整，既会提高贵州省高校专科生和本科生教育质量，也会加大对高素质研究生的培养力度，为贵州省有效实现"工业化强省，城镇化带动"战略目标提供丰富的优质的人力资源。因此，贵州省高校毕业生就业工作必须关注市场变化，加强与用人单位的联系，将社会的用人要求信息及时反馈至教学部门，配合学校教学部门共同提高教育质量。同时面对大规模的专科和本科毕业生，贵州省高校毕业生就业工作部门亟待开拓毕业生的就业渠道和就业空间，促进高校毕业生充分有效就业。此外，高校毕业生就业工作者不但要努力做好高校毕业研究生就业的思想教育工作，帮助他们树立正确的就业观念，而且要积极开拓能够容纳高素质劳动力的就业空间，留住这群特殊的高素质人才。

（4）贵州省高等教育结构调整影响高校毕业生就业工作模式的科学发展

一方面，产业结构、技术结构的不断调整深化，促使高等教育结构做出适当调整，培养"适销对路"的高素质人才；另一方面，高等教育结构调整促进产业结构得以优化升级以及新的产业出现，为培养的高素质人才拓展了真正有利于发挥才能的职业空间。因此，高校高等教育结构的合理调整和优化在一定程度上可以拓展高校毕业生的就业空间，促进高校毕业生就业工作的有效开展，有助于高校毕业生就业工作模式的科学发展。

目前，贵州省高等教育结构存在非均衡和非协调的弊端，突出表现在两个方面：一是高校对不同层次的人才培养不均衡，难以为主导产业的持续发展提供有力的智力支撑；二是区域间的高校分布不协调，难以为统筹区域经济社会协调发展提供均衡的人才配置。因此，贵州省的高等教育结构要实现完全有效发挥其通过人力资本的作用促进产业结构优化升级和丰富产业结构内容的目标，必须加强对贵州省情的正确认识，合理调整高等教育的层次结构和区域结构，促进贵州省高校毕业生就业工作的开展。

在"十二五"时期，随着贵州省"工业化强省、城镇化带动"战略的深入实施，产业结构、技术结构的深化调整，对专业技术类、高新技术类人才需求将会大幅增加。因此，贵州省高等教育结构还需根据产业结构的调整升级以及各区域高等教育结构现状做出适时适度的调整，甚至适当超前经济发展变化的调整。通过超前培养人才对已有产业结构调整以及新兴产业的诞生、发展起导向作用，更好地有效发挥其通过人力资本的作用促进产业结构的优化升级和丰富产业结构的内容，不断拓展本省高校毕业生的就业空间，推进贵州省高校毕业生就业工作的有效开展和促进高校毕业生就业工作模式的科学发展。

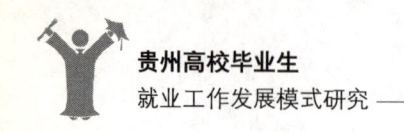

## 4.2 贵州高校学科专业特点

### 4.2.1 高校学科专业内涵

（1）学科与专业的含义

学科是指一定科学领域或一门科学的分支，如自然科学中的化学、生物学、物理学；社会科学中的法学、社会学等。学科是高校的细胞组织。世界上不存在没有学科的高校，高校的各种功能活动都是在学科中展开的，离开了学科，不可能有人才培养，不可能有科学研究，也不可能有社会服务。[1]

专业，一般指高校或中等专业学校根据社会分工需要而划分的学业门类。高等学校中的专业是社会分工、学科知识和教育结构三位一体的组织形态，其中，社会分工是专业存在的基础，学科知识是专业的内核，教育结构是专业表现形式。三者缺一不可，共同构成高校人才培养的基本单位。

（2）学科与专业的关系

第一，学科与专业二者具有内在的统一性。学科是科学知识体系的分类，不同的学科就是不同的科学知识体系；专业是在一定学科知识体系的基础上构成的，离开了学科知识体系，专业也就丧失了其存在的合理性依据。一个学科，可以组成若干专业；不同学科之间也可以组成跨学科专业。学科与专业并存是高校的一种特有现象，两者相互依存，相互促进。专业是学科承担人才培养职能的基地；学科是专业发展的基础。一所高校的人才培养质量如何，取决于其学科、专业水平。

第二，学科和专业的构成不同。构成一门独立学科的基本要素主要有三：一是研究的对象或研究的领域，即独特的、不可替代的研究对象；二是理论体系，即特有的概念、原理、命题、规律等所构成的严密的逻辑化的知识系统；三是方法论，即学科知识的生产方式。专业的构成要素主要包括专业培养目标、课程体系和专业人员。培养目标即专业活动的意义表达，课程体系是社会职业需要与学科知识体系相结合的产物，是专业活动

---

[1] 学科［OL］. http://baike.so.com/doc/5422096.html.

的内容和结构。课程体系的设置合理与否、质量高低、实施效果好坏直接影响人才培养目标的实现状况，专业人员主要包括教育者和受教育者，没有"人"的介入，专业活动不可能完成。

第三，学科与专业所追求的目标是不同的。学科发展的目标是知识的发现和创新。学科以知识形态的成果服务于社会，一般称为科研成果，科研成果又可分为科学型和技术型两种。❶专业的目标是为社会培养各级各类专门人才。学科与专业目标的区别表明两者之间具有不可替代性。

### 4.2.2 贵州省高校学科专业状况

高校学科专业分布状况在本质上是由一定社会经济和科技发展水平、社会分工、产业结构以及劳动力结构状况决定的，集中反映了经济与社会发展对专门人才的种类、规格、知识能力与素质的根本要求。

第一，贵州省高校重点学科分布情况。贵州省高等教育学科种类齐全，已经涵盖了哲学、经济学、法学、教育学、文学、历史学、理学、工学、农学、医学、管理学和艺术学12大学科。对这些学科逐一加以研究需要耗费大量的人力，不具有可行性。因此，本书从贵州省高校的重点学科的角度，来进行相关研究。重点学科是衡量一个地区学科水平、质量的重要指标，对为地区培养高素质的人才和促进地区经济社会可持续发展具有重要的意义。目前贵州省高校有1个国家重点学科，8个"211工程"重点学科，66个省部级重点学科，9个重点扶持学科。这些国家重点学科和省级重点学科分布于省内各主要大学，引领这些大学和贵州省高等教育的发展，为各地区培养出大量急需的高素质人才，对地区和全省的经济社会发展起到良好的智力支撑作用。

从表4-4可以知道，按重点学科门类分布，医学学科17个，理学学科15个，工学学科9个，法学学科6个，文学学科5个，经济学学科5个，农学学科4个，管理学学科4个，历史学学科1个。从整体上看，与贵州省经济社会发展有着紧密联系的工学、经济学、农学、管理学四个学

---

❶ 学科［OL］. http://baike.so.com/doc/5422096.html.

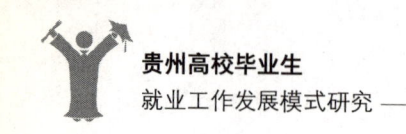

科分布的重点学科较少。主要体现在：与贵州省急需的电力、煤炭、冶金、有色、化工、装备制造、烟酒、建材、民族医药和特色食品及旅游商品为主的"十大产业"及实施城镇化带动所需要的规划、建筑、管理等相关的学科相对不足甚至空白，不能完全适应贵州省经济社会发展的需要。

表4-4 贵州省高校重点学科分布情况

| | | 重点学科（1个） | 农药学 |
|---|---|---|---|
| 国家级重点学科 | 贵州大学（9个） | "211工程"重点学科（8个） | 绿色农药与有害生物治理工程、贵州优势磷矿资源综合利用及深加工、西南喀斯特演化过程与生态系统调控、现代制造技术、新一代电子信息功能材料及器件、复杂系统的控制优化与可靠性、高原山地畜牧学、民族区域发展学 |
| 省级重点学科 | 贵州大学（26个） | 农药学、植物生理生化、化学、电力系统及其自动化、计算机科学与技术、森林培育、采矿工程、动物学、微生物学、基础数学、机械制造及其自动化、控制理论与控制工程、结构工程、矿物学、岩石学、矿床学、作物遗传育种、农业经济管理、微电子学与固体电子学、汉语言文字学、化学工艺、材料学、果树学、理论物理、企业管理、民族学 | |
| | 贵州师范大学（8个） | 思想政治教育、植物学、计算数学、文艺学、自然地理学、人文地理学、课程与教学论、中国近现代史 | |
| | 贵阳医学院（7个） | 病理与病理生理学、病原生物学、生物化学及分子生物学、人体解剖与组织胚胎学、卫生毒理学、药剂学、内科学 | |
| | 贵阳中医学院（6个） | 中药学、中医骨伤科学、中医基础理论、中医内科学、针灸推拿学、中西医结合临床 | |
| | 贵州民族大学（6个） | 民族学、数学与应用数学、法学、少数民族语言文学、社会学、马克思主义基本原理 | |
| | 贵州财经大学（7个） | 企业管理学、金融学、国际贸易学、产业经济、统计学、人口资源与环境经济学、会计学 | |
| | 遵义医学院（6个） | 药理学、分子生物学、内科学、口腔临床医学、麻醉学、免疫学 | |
| | 遵义师范学院（1个） | 文艺学 | |
| | 黔南民族师范学院（1个） | 中国古典文献学 | |

## 4 贵州高校毕业生就业工作发展模式的影响因素分析

此外，重点学科分布在地区高校间极不平衡，主要集中于省会城市——贵阳市的高校，严重影响贵州省高校面向地方和区域经济建设的服务能力，使地方经济建设和社会发展受到限制。

第二，贵州省高校本科专业状况。目前，贵州省本科院校有17所（不包括"三本"院校），开设的本科专业已涵盖了12大学科。各大学科下的专业分布见表4-5。

**表4-5 贵州省高校本科学科专业情况**

| 专业大类 | 专业名称 |
| --- | --- |
| 农学 | 农学、园艺、植物保护、草业科学、林学、园林、水土保持与荒漠化防治、农业资源与环境、动物医学、动物科学、水产养殖学、森林资源保护与游憩、森林资源类、动物生产类、轻工纺织食品类（15） |
| 医学 | 药物制剂、护理学、药学、临床医学、口腔医学、麻醉学、医学影像学、医学检验、法医学、预防医学、基础医学、中药学、中医学、针灸推拿学、中西医临床医学、中草药栽培与鉴定（16） |
| 历史学 | 历史学、民族学、高等教育历史学（3） |
| 哲学 | 哲学（1） |
| 工学 | 金属材料工程、采矿工程、矿物加工工程、勘查技术与工程、资源勘查工程、冶金工程、无机非金属材料工程、材料科学与工程、机械设计制造及其自动化、材料成型及控制工程、工业设计、过程装备与控制工程、测控技术与仪器、热能与动力工程、电气工程及其自动化、自动化、电子信息工程、通信工程、计算机科学与技术、电力工程与管理、建筑学、城市规划、土木工程、建筑环境与设备工程、测绘工程、环境工程、安全工程、化学工程与工艺、制药工程、食品科学与工程、食品质量与安全、生物工程、农产品质量与安全、农业机械化及其自动化、电子科学与技术、给水排水工程、水利水电工程、水文与水资源工程、地质工程、交通运输、土建类、材料类、高分子材料与工程、网络工程、矿物资源工程、勘察技术与工程、电气信息类、数字媒体技术、软件工程、卫生检验（50） |
| 教育学 | 体育教育、学前教育、化学教育、美术教育、数学教育、音乐教育、英语教育、语文教育、综合理科教育、综合文科教育、特殊教育、教育技术学、教育学、科学教育、小学教育、社会体育（16） |
| 文学 | 汉语言文学、英语、新闻学、日语、广播电视新闻学、传播学、广告学、中国少数民族语言文学、对外汉语、俄语、商务英语（11） |
| 法学 | 法学、社会工作、政治学与行政学、思想政治教育、社会学、民族学、法律事务（7） |

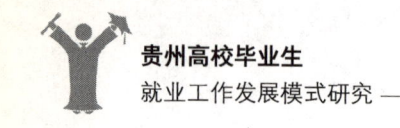

续表

| 专业大类 | 专业名称 |
|---|---|
| 理学 | 数学与应用数学、信息与计算科学、物理学、化学、应用化学、生物科学、生物技术、地理信息系统、电子信息科学与技术、光信息科学与技术、信息安全、材料物理、材料化学、环境科学、生态学、统计学、生物科学类、数学类、化学类、生物学类、地理科学、应用心理学、资源环境与城市规划管理、资源环境与城乡规划管理、应用物理学、资源环境科学、电子科学与技术、生物资源科学、环境科学（29） |
| 管理学 | 电气工程与管理、国防教育与管理、工程管理、工商管理、经济管理类、信息管理与信息系统、工业工程、市场营销、会计学、财务管理、人力资源管理、旅游管理、电子商务、行政管理、公共事业管理、劳动与社会保障、土地资源管理、农林经济管理、图书馆学、公共管理类、物流管理、管理科学、文化产业管理、工商管理类、管理科学与工程、管理科学与工程类、农村区域发展、审计学、房地产经营管理、档案学（30） |
| 艺术学 | 音乐表演、作曲与作曲技术理论、艺术设计、摄影、表演、导演、播音与主持、音乐学、绘画、动画、舞蹈学、雕塑、美术学、广播电视编导、数字媒体艺术、舞蹈表演（16） |
| 经济学 | 经济学、国际经济与贸易、财政学、金融学、保险、金融工程、税务、金融保险（8） |

从表4-5可以看出，贵州省普通高等教育工科方面设置的专业最多，其次是管理学和理学，这体现了贵州省高等教育学科专业结构的整体特点是应用专业和基础专业为主。从12大学科所含的专业来看，哲学、历史学、法学、经济学这四门学科的专业设置较少。哲学和历史学学科的专业设置有其学科自身特点，这两种学科本身就是少而精的学科，市场需求也不是很大；但是，经济学、法学这两种学科所含的专业是贵州省建设经济大区和法制社会需求量大的专业，从这个角度来说，应该加大经济学和法学这两类学科专业的建设，以适应贵州省社会经济发展的需求。

第三，贵州省高校专科专业情况。目前，贵州省共有24所高职院校，本书从17个大类对贵州省高校专科专业的开设情况进行了分析，具体情况见表4-6。

## 4 贵州高校毕业生就业工作发展模式的影响因素分析

### 表4-6 贵州省高校专科专业情况

| 专业大类 | 专业名称 |
| --- | --- |
| 农林牧渔大类 | 畜牧兽医、园林技术、园艺技术、农产品质量检测、中草药栽培技术、茶叶生产与加工、设施农业技术、种子生产与经营、兽医、动物医学、饲料与动物营养、作物生产技术、药用植物栽培与加工、观光农业、林业技术、园林工程工艺（16） |
| 土建大类 | 建筑工程技术（建筑工程、交通土建工程、防水防腐工程）、工程造价（公路方向、建筑工程）、环境艺术设计、物业管理、房地产经营与估价、工程测量技术、房地产经营与评估、建筑工程管理、楼宇智能化工程技术、建筑装饰工程技术、建筑电气工程技术、城镇规划、建筑设计技术、供热通风与空调工程技术、室内设计技术、基础工程技术、工程机械控制技术（建筑工程机械、工程机械化施工、工程机械检测与维修）、市政工程技术、工程测量与监理、土木工程检测技术、工程机械技术服务与营销、工程机械运用与维护（22） |
| 交通运输大类 | 城市轨道交通运营管理、高等级公路维护与管理（高速公路养护技术方向）、道路桥梁工程技术（计算机与公路工程方向）、道路桥梁工程技术、电气化铁道技术、铁道通信信号、公路监理（公路工程监理方向、公路工程试验检测方向）、地下工程与隧道工程技术、城市轨道交通工程技术（城市轨道交通营运管理）、公路运输与管理、铁道工程技术、铁道机车车辆、城市轨道交通车辆（13） |
| 材料与能源大类 | 电力系统自动化技术、发电厂及电力系统、材料工程技术、供用电技术、复合材料加工与应用技术、电厂热能动力装置、电厂设备运行与维护、火电厂集控运行、新能源应用技术（能源汽车方向）（9） |
| 生化与药品大类 | 化工设备维修技术、应用化工技术、工业分析与检验、化学制药技术、药物制剂技术、有机化工生产技术、精细化学品生产技术、药品经营与管理、中药制剂技术、煤化工（10） |
| 资源开发与测绘大类 | 煤矿开采技术、矿山机电、煤炭深加工与利用、矿井通风与安全、非金属矿开采技术（5） |
| 制造大类 | 机电一体化技术、汽车检测与维修技术、数控技术、机电设备维修与管理、电气自动化技术、汽车技术服务与营销、机械制造与自动化、模具设计与制造、汽车电子技术、汽车运用技术、汽车制造与装备技术、汽车整形技术、机械设计与制造、数控设备与应用维护、焊接技术与自动化、汽车运用与维修、机电设备维修、室内检测与控制技术、医用电子仪器与维护、检测技术及应用、生产过程自动化技术（21） |
| 水利大类 | 水利水电建筑工程、城市水净化技术、水利工程施工技术（3） |
| 环保气象与安全大类 | 环境监测与治理技术、安全技术管理、水环境监测与保护、安全防范技术（4） |

续表

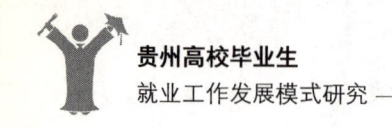

| 专业大类 | 专业名称 |
|---|---|
| 电子信息大类 | 计算机应用技术（应用方向、建筑装饰辅助设计、客户信息服务与速录、建筑装饰辅助、多媒体技术与制作、广告设计）、计算机网络技术、应用电子技术、计算机信息管理、电子信息工程技术、软件技术、图形图像制作、通信技术、计算机控制技术、动漫设计与制作、嵌入式技术与应用、计算机通信、物联网应用技术、物联网技术、移动通信技术、电子测量技术与仪器、信息安全技术、通信系统运行管理、通信网络与设备、飞行器电子装配技术、计算机多媒体技术、计算机辅助设计与制造、交通安全与智能控制、多媒体设计与制作（24） |
| 财经大类 | 会计电算化、电子商务、市场营销、物流管理（仓储管理）、金融保险、工商企业管理、财务管理、会计与审计、商务管理、营销与策划、经济信息管理、产业管理与服务、项目管理、会计、医药营销（15） |
| 轻纺食品大类 | 服装设计、食品加工技术、食品生物技术、食品贮运与营销、绿色食品生产与检测（5） |
| 法律大类 | 法律文秘、法律事务（2） |
| 公共事业大类 | 人力资源管理、会展策划与管理、公共事务管理、城市管理与监察、农村行政管理（5） |
| 艺术设计传媒大类 | 电脑艺术设计、广告设计与制作、新闻采编与制作、装饰艺术设计、旅游工艺品制作与设计（陶艺与雕塑、包装设计）、音乐表演、表演艺术（旅游歌舞表演）、装潢艺术设计、视觉传达艺术设计、印刷技术、服装设计、影视动画（12） |
| 文化教育大类 | 文秘、学前教育、商务英语、旅游英语、国防预备役（国防教育）（5） |
| 旅游大类 | 旅游管理、酒店管理、导游、旅行社经营管理、旅游服务与管理、涉外旅游（6） |
| 医药卫生大类 | 护理（康复护理、涉外方向）、助产、药学、临床医学、康复治疗技术、医学检验技术、医学影像技术、中药、医学检验技术、中药制药技术、医学营养、公共卫生管理、中医学、针灸推拿、生物制药技术、药物分析技术、口腔医学技术、卫生检验与检疫技术、农村医学、中药学、眼视光技术、医疗美容技术、口腔医学（23） |

从表4-6可知，虽然贵州省高校专科专业没有像本科那样出现"一家独大"（工科）的局面，但是在已开设的17大类的专业中，土建、制造、电子信息、医药卫生这4大类专业总数占了大部分。这4大类专业在贵州省高校专科教育中占重要地位，这些专业也为贵州省相关行业输送大量专

业技术人才，相比之下，一些专业如农林牧渔大类、材料与能源大类、资源开发与测绘大类、生化与药品大类、法律大类亟待发展，这些都是未来贵州省经济发展急需的专业。随着贵州省"工业强省、城镇化带动"战略的深入实施，对专业技术类、高新技术类人才需求将会大幅增加，但目前支持省内区域经济发展的电力、交通、化工等支柱产业急需的专业较为短缺，所以贵州省高等院校还需在优化学科专业结构、服务地方经济社会发展方面做出不懈努力。

4.2.3 贵州省高校学科专业特点与高校毕业生就业工作发展模式的关系分析

（1）贵州省高校学科专业特点决定高校毕业生就业工作的方式和内容

具有内在紧密关系的高校学科和专业对大学生的培养质量状况起着关键作用。毕业生就业工作的主要对象——高校大学生具有极强的可塑性特征。这主要体现在高校的学科专业作为人才培养的主要基地，对大学生的培养需要遵循学科专业的发展规律，借助其某种培养方式达到该学科专业的培养目标，对大学生进行不断塑造。因此高校毕业生就业工作的开展对于不同的学科专业需要采用不同的工作方式和提供不同的就业工作内容。例如，在各高校都有开设的一些长线专业如教育学、管理学，各高校在这些学科专业课程体系的设置上以及人才培养目标上出现雷同，造成"千校一面"的现象。针对这种学科专业背景的大学生，高校毕业生就业工作者需要为他们提供更多的社会实践机会，让他们更好地将理论与实践结合起来；加强对就业形势的分析，帮助他们树立正确的就业观念；此外，由于这类文科专业就业率不高，需要积极开拓毕业生就业市场，为他们提供丰富的就业信息。对于工学、医学等学科的专业，则需要结合贵州省的区域特征等独特省情，科学设置课程体系，使培养目标更具特色化；同时帮助他们及时了解自己的职业兴趣，积极开展相关政策的宣传，鼓励和引导他们进行创业。

（2）贵州省高校科学合理的学科专业有利于促进高校毕业生就业工作发展模式的特色化形成

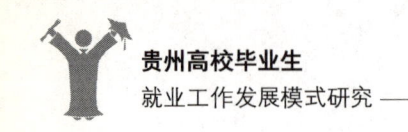

高校学科专业和毕业生就业工作发展模式都受外部客观环境的影响，特别是与社会中的产业结构、就业结构有着紧密的联系。两者有着相同的作用对象——高校大学生，有着相同的目标——提高大学生的综合竞争力，促进高校毕业生顺利就业，更好地实现个人价值和社会价值。学科和专业作为高校人才培养的主阵地，具有重要的意义。科学合理的高校学科专业，能从根本上改变高校大学生的知识结构，提高他们的综合素质。一方面高校培养的高素质人才得到社会的认可，有利于高校特色学科专业的形成；另一方面由于高校人才培养模式的改善，特色化学科专业的形成有利于个性化的高校学生不断涌现，从而促进高校毕业生就业工作特色化的发展。

所以，科学合理的高校学科专业和高校毕业生就业工作发展模式的特色化形成相辅相成。高校学科专业的调整是高校毕业生就业工作特色化发展的前提条件之一，对高校学科专业进行科学合理调整有利于高校毕业生就业工作特色化发展，高校毕业生就业工作特色化不断深入发展又能更好调整和优化高校学科专业。

## 4.3 贵州区域文化心理

### 4.3.1 区域文化心理内涵

区域文化是相对主流文化而言的，是指特定自然环境和独立长久的行政区划所形成的地域性文化，具有本土性、世俗性、原创性等特色。区域文化心理是在某一特定区域内由于社会文化的长期影响而形成的思想观念、生活方式、价值取向等心理活动或行为模式。区域文化心理意识具有相对独立性和对社会存在具有能动的反作用。

### 4.3.2 贵州省区域文化心理

（1）贵州省农耕文化心理

贵州省处于我国西南喀斯特山区，一方面境内多高原、山地、丘陵、盆地、河谷阶地等多样的地貌；另一方面喀斯特造成了山势起伏、山地破碎、山高路陡、沟壑纵横等复杂地形。这种"地无三里平"和山隔水阻的山区自然条件对发展交通、通信十分不利,导致交通十分闭塞,缺乏有效的商品流通和思想交流,阻碍了文化传播。在长期以农耕为主的区域,文化的自行发展只能吸取农耕活动中的营养,而由商贸、军事、政治、教育、宗教、建筑、航海、科技等方面活动而来的营养就相对少了。❶这无疑决定了贵州省文化发展的缓慢,使区域文化体现出浓厚的农耕文化特色。农耕文化有浓厚的"闭门造车"色彩,致使社会意识形态发展缓慢,形成小农经济思想浓厚、思想落后、安逸自大、进取心不强等心理特征。

(2)贵州省山地文化心理

贵州省地处云贵高原,境内地势西高东低,自中部向北、东、南三面倾斜,平均海拔在1100米左右。其地貌的显著特征是山地多,素有"八山一水一分田"之说,是全国唯一没有平原支撑的省份。境内分布着四大山脉:北部的大娄山、东部的武陵山、西部的乌蒙山和横亘中部的苗岭,这四大山脉构成了贵州省的地形骨架。这为贵州省成为著名的"山国"创造了条件。毋庸置疑,生活在"山国"中的居民的生产、生活及风俗习惯都与山地结下不解之缘,因而在文化上不可避免地要不同程度地打上"山"的印记,从而构成与外地不同的"山地文化"。

山地直接影响各民族的生活方式,并赋予人们一种特殊的性格、灵感和创造力。

在长期与恶劣的山区自然环境作斗争的过程中,贵州人民培养了对山地的适应力和生命力。因此,贵州山地文化也是贵州人民长期与恶劣的自然环境作斗争、克服山区艰苦的劳动条件所产生和积淀起来的。这种文化带给人们的心理特征虽然具有盲目自大的一面,但更多的是大胆探索、勇于实践、敢闯敢拼、敢为人先的多面。

(3)贵州省少数民族文化心理

贵州省世居的少数民族,创造了最有贵州地域特色的民族文化,是贵

---

❶ 余桂兰. 贵州区域文化、毕节区域文化与区域经济发展模式[J]. 中共贵州省委党校学报, 2008(4): 38.

州本土文化的重要特色。因为贵州喀斯特地貌的天然阻隔，为小规模人群提供了小范围的生存空间。不同生活方式上不同文化类型的民族，都能够在贵州找到各自的生存发展空间，并长期恪守及发展着各自不同的文化。❶因此，贵州省众多的民族与它们的细分构成了少数民族文化的复杂多样，多元的少数民族文化的特征极其明显，而且具有个性化：建筑、服饰、饮食、婚俗、祭祀、节庆、艺术等方面都异彩纷呈。可谓是贵州少数民族能歌善舞，传统音乐舞蹈绚丽多姿，民族音乐歌舞种类繁多，戏剧艺术别具特色，民族节日和民族风俗丰富多彩。❷然而地理环境决定文化的发展形态，贵州省复杂多样的地形，阻碍了思想交流和文化传播，贵州省各民族之间有着漫长的相对与世隔绝的缓慢发展进程，各民族长期坚守自己的文化传统，使本土的传统文化产生较强的向心力。随着经济社会的发展，虽然贵州少数民族文化体现出所谓的"和而不同"的特征，即既保持自身文化的特点，同时又吸收其他民族的文化，但很少在更深的民族生活方式习俗等文化层面有所交流、碰撞或融合。❸此外，由于社会意识形态发展滞后的原因，生活在贵州省某些少数民族区域的人们还处于日出而作、日落而息的自然经济状态。因此，深受贵州少数民族文化影响下的人们易形成传统意识固势、视野不开阔、本分知足等群体性格。

4.3.3 贵州区域文化心理与高校毕业生就业工作发展模式的关系分析

（1）贵州区域文化心理影响高校毕业生就业工作的方法

社会意识是社会生活的精神方面，是社会存在的总体反映。它包括人们的政治、法律思想、哲学、艺术、宗教等意识形态和人们的风俗习惯、社会心理等。社会意识对社会存在具有依赖性和自身的相对独立性的特征。先进的社会意识对社会存在的发展起促进作用，落后的社会意识对社会存在的发展起阻碍作用。社会意识对社会存在反作用的特殊方式是：通

---

❶ 张幼琪，史继忠，等. 贵州开发引出的考量[M]. 贵州：贵州人民出版社，2008：207.

❷ 贵州省教育厅. 贵州省情教程（第三版）[M]. 北京：清华大学出版社，2011：71.

❸ 张幼琪，史继忠，等. 贵州开发引出的考量[M]. 贵州：贵州人民出版社，2008：204.

过思想教育、说理方法来解决矛盾。

因此，对于体现小农经济思想浓厚、思想落后、安逸自大、进取心不强等特征的贵州农耕文化心理和对于体现传统意识固势、视野不开阔、本分知足等特征的贵州少数民族文化心理，高校毕业生就业工作者必须对这两种区域文化心理加以研究和区分。同时，对具有这两种文化心理的高校大学生进行循循善诱的思想教育和道理讲解，使他们摆脱种不良区域文化心理的影响。

对于受盲目自大、大胆探索、勇于实践、敢闯敢拼、敢为人先等特征的贵州山地文化心理影响的高校大学生，高校毕业生就业工作者必须一方面进行思想教育，使他们认识到盲目自大的不利影响；另一方面加强引导，继续继承和发扬大胆探索、勇于实践、敢闯敢拼、敢为人先等精神。

（2）贵州区域文化心理决定高校毕业生就业工作的方式和内容

贵州省独特的区域文化心理使高校毕业生就业工作的开展面临一些挑战。高校毕业生就业工作者需要对不同类型的区域文化加强研究，了解在这些不同类型区域文化基础上形成的区域文化心理特征，提供富有针对性的就业指导内容。

例如，对于受贵州农耕文化心理影响的大学生，经常表现出小农经济思想浓厚、思想落后、安逸自大、进取心不强等特征，高校毕业生就业工作者对有这种心理特征的大学生必须加强思想政治教育，加强就业形势分析，对他们进行人生观、价值观、成才观、荣辱观教育，帮助他们认清毕业时将要面临的就业压力，将压力转为整个大学阶段的学习动力，帮助他们发现和了解自己的兴趣爱好和特长，结合自己所学的专业，制定出符合个人成长与发展的奋斗目标。对于受贵州山地文化心理影响的大学生，经常表现出盲目自大、大胆探索、勇于实践、敢闯敢拼、敢为人先等特征，高校毕业生就业工作者对有这种心理特征的大学生必须在加强思想政治教育的同时，积极引导这部分大学生进行创业，为他们提供创业政策咨询、创业意识萌发、创业理论讲解、创业知识传授等指导内容，对他们进行有重点、有目的、有层次的创业教育，使他们在接受创业教育的过程中自觉

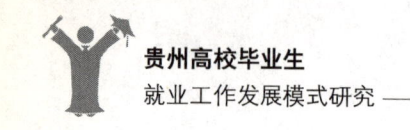

凝炼创业素养，继承和发展创业精神，促使他们在条件成熟的时候能够成功地走向创业之路。对于受贵州少数民族文化心理影响的大学生，经常表现出传统意识固势、视野不开阔、本分知足等特征，高校毕业生就业工作者对有这种心理特征的大学生必须加强思想政治教育，提供心理辅导，对他们进行人生观、价值观、成才观、荣辱观教育，加大就业形势分析和宣传，请走上工作岗位取得好成绩的校友谈工作体会，也可以请用人单位谈社会对大学生的素质和能力要求，通过这种经常性的熏陶，使他们自觉追求不断提高自身的综合能力和素质，并在此基础上引导他们进行自我完善和塑造，提供社会实践锻炼机会以加强他们与社会的接触。

（3）贵州区域文化心理影响对高校毕业生就业工作发展模式的认识、评价和态度

在区域文化的长期熏陶下，人们会形成一种相对稳定的思想观念、道德标准、生活习惯、宗教信仰和社会态度，这种文化心理会影响高校毕业生对就业工作发展模式的工作理念、工作思想、工作战略、工作目标等内涵的认识、评价和态度。

贵州农耕文化心理具有小农经济思想浓厚、思想落后、安逸自大、进取心不强等特征，贵州少数民族文化心理体现出传统意识固势、视野不开阔、本分知足等特征，这两者的区域文化心理给贵州高校毕业生就业工作的开展带来了许多挑战，高校毕业生就业工作发展模式的工作理念、工作思想、工作目标、研究成果等较难得到受这两者区域文化心理影响的学生的认可。他们对贵州高校毕业生就业工作和贵州高校毕业生就业工作发展模式的评价不高。

贵州山地文化心理具有盲目自大、大胆探索、勇于实践、敢闯敢拼、敢为人先等特征，有利于贵州高校创业教育的开展，高校毕业生就业工作者需加强引导。这种良好的区域文化心理会驱使大学生将自己未来职业发展规划和高校的毕业生就业工作紧密结合起来，有助于高校毕业生就业工作的顺利开展，对高校毕业生就业工作模式的发展起到促进作用。因此，受贵州山地文化心理影响的大学生会主动关注高校毕业生

就业工作的现状和就业工作发展模式的发展状况，对两者的认可度较高。

此外，区域文化心理作为社会意识的组成部分之一，同样具有对社会存在的依赖性和相对独立性的特征，对社会存在具有能动的反作用。因此，良好的区域文化心理有助于高校毕业生就业工作的顺利开展，对高校毕业生就业工作模式的发展起到促进作用；反之，将阻碍高校毕业生就业工作模式的科学发展。

## 4.4 贵州高校毕业生就业工作理念

### 4.4.1 高校毕业生就业工作理念的发展趋势

理念指一种理想的、永恒的、精神性的普遍范型。所谓高校毕业生就业工作理念是指从事高校毕业生就业工作的人员在高校毕业生就业工作过程中基于理性思考和亲身体验的基础，形成的关于高校毕业生就业工作本身及其价值和价值实现途径的、坚定不移的、正确的根本性判断与看法。

高校毕业生就业工作是一项专业化的工作，它不仅仅是一门学问，而且是在一定理论指导下的实践活动，实践活动反过来又不断地推动着理论的反思与发展。从目前我国学者对国内外的研究现状来看，高校毕业生就业工作应树立以下几个应有的理念：一是高校毕业生就业工作必须树立"以学生为本"的理念，以平等、互动的模式促进毕业生全面发展、个性化发展和长远发展，帮助大学生更好地实现社会价值和人生价值。二是高校毕业生就业工作"专业化和专家化"理念，毕业生就业工作应朝着专业化的方向发展，使就业工作与行政工作相分离，形成就业指导人员的职业化，进而实现就业指导人员的专家化。三是高校毕业生就业工作"全程化"的工作理念，即就业工作不但要实现从大学一年级新生到大学四年级毕业生的全程化，而且要贯穿渗透到高校教学、管理、服务工作和活动的全过程中。四是高校毕业生就业工作"全员化"的工作理念，高校的毕业生就业工作需要统一认识，完善就业指导体系，学校各部门和各教学院系的教职员工要全员关心并积极参与就业工作，或指导、或服务、或管理、或提

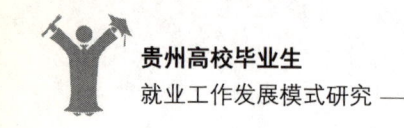

供就业信息等，主动做好服务工作，不断加强和改进毕业生就业工作。五是高校毕业生就业工作的"质量意识"，毕业生质量如何，直接影响到他们在未来市场竞争中的成败，直接关系到学校毕业生就业工作顺利与否。因此，不断提高学生的培养质量，是搞好毕业生就业工作的关键所在。做好毕业生就业工作，除了在毕业生就业过程中采取切实有效的措施外，更应注重高校毕业生就业前的质量培养，增强学生在就业市场上的竞争力。六是高校毕业生就业工作的创新理念，高校毕业生就业工作需要从思想观念、管理体制、方法措施、培养模式、宣传服务等方面实施创新，不断探索毕业生就业工作的新机制、新体系、新模式，不断研究就业工作中出现的新情况、新问题，只有这样，高校毕业生就业工作才能取得新进展，才能破解就业难题。

### 4.4.2 贵州高校毕业生就业工作理念的发展现状

从1999年高校扩招后，贵州省高等教育进入了新的发展阶段，高等教育从精英教育慢慢步入大众化门槛，就业市场随之也出现了大学生就业难现象，大学生就业成为社会关注的热点。在这一背景下，全省各高校在各自就业工作理念的指引下纷纷加大了就业工作的实施力度，取得了一些成绩。但一方面由于贵州省对外开放度低，处于半封闭状态；另一方面贵州省高校受传统计划经济的影响较深，沿袭计划经济模式的惯性较大；此外，社会意识具有相对独立性的特征。这三方面的原因致使贵州高校毕业生的就业工作理念难以得到较好的创新，发展滞后。

通过对104名贵州高校负责学生工作的老师调查（调查结果见表4-7），分析可知目前贵州高校毕业生就业工作中缺乏某些急需的有利于促进毕业生就业工作顺利开展的理念，如以学生为本的理念、全员化的理念、全程化的理念、质量意识的理念等，阻碍了贵州高校毕业生就业工作的顺利开展。

## 4 贵州高校毕业生就业工作发展模式的影响因素分析

表 4-7 贵州高校急需的就业工作理念的频数分析表

| Group $JXJYYS 面对日益严峻的就业形势，本校急需的工作理念 | | | | |
|---|---|---|---|---|
| Category label | Code | Count | Pct of Responses | Pct of Cases |
| （1）责任意识的理念 | 1 | 48 | 8.9 | 46.2 |
| （2）全员化的理念 | 2 | 72 | 13.4 | 69.2 |
| （3）全程化的理念 | 3 | 77 | 14.3 | 74.0 |
| （4）市场意识的理念 | 4 | 51 | 9.5 | 49.0 |
| （5）质量意识的理念 | 5 | 65 | 12.1 | 62.5 |
| （6）创新意识的理念 | 6 | 73 | 13.6 | 70.2 |
| （7）专业化的理念 | 7 | 68 | 12.6 | 65.4 |
| （8）以学生为本的理念 | 8 | 84 | 15.6 | 80.8 |
| Total responses | | 538 | 100.0 | 517.3 |

0 missing cases； 104 valid case

　　从表 4-7 分析可知，在被调查的 104 名高校负责学生工作的老师中，认为面对日益严峻的就业形势，所在学校就业指导工作应急需的理念具体如下：第一，15.6% 的高校负责学生工作的老师认为所在学校急需"以学生为本"的工作理念（80.8% 的选择率）；第二，14.3% 的高校负责学生工作的老师认为所在学校急需"全程化"的工作理念（74.0% 的选择率）；第三，13.6% 的高校负责学生工作的老师认为所在学校急需"创新意识"的工作理念（70.2% 的选择率）；第四，13.4% 的高校负责学生工作的老师认为所在学校急需"全员化"的工作理念（69.2% 的选择率）；第五，12.6% 的高校负责学生工作的老师认为所在学校急需"专业化"的工作理念（65.4% 的选择率）；第六，12.1% 的高校负责学生工作的老师认为急需"质量意识"的工作理念（62.5% 的选择率）；第七，9.5% 的高校负责学生工作的老师认为急需"市场意识"的工作理念（49.0% 的选择率）；第八，8.9% 的高校负责学生工作的老师认为急需"责任意识"的工作理念（46.2% 的选择率）。

　　目前贵州高校毕业生就业工作中突出市场和责任的工作理念。在就业工作的市场理念方面，高校毕业生就业市场由过去的卖方市场转向买方市

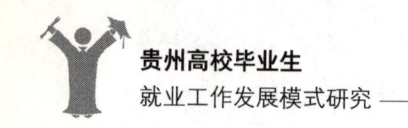

场，使得就业市场建设成为全省各高校毕业生就业工作的重要任务：一方面，在稳固原有就业市场的基础上，积极开辟新的就业市场，扩大市场份额，鼓励毕业生多渠道、多形式就业；另一方面，还可通过网络建立无形的就业市场，给予毕业生更多的择业机会。在就业工作的责任理念方面，全省各学校领导高度重视毕业生就业工作，明确就业工作"一把手"责任制，学校党委、行政部门每年都多次召开专题会议研究部署毕业生就业工作，把毕业生就业工作列入重要的工作日程，并要求抓落实、见成效。然而贵州高校毕业生就业工作者在以"全程化"理念、"全员化"理念、"质量"理念、"创新"理念指导下的高校毕业生就业工作开展明显不够。

4.4.3 贵州高校就业工作理念与高校毕业生就业工作发展模式的关系分析

（1）贵州高校就业工作理念引导高校毕业生就业工作的开展

高校毕业生就业工作理念的发展现状对高校毕业生就业工作的开展具有导向作用，而高校毕业生就业工作的开展情况对高校毕业生就业工作模式的发展进程具有重要的影响。因此，高校毕业生就业工作的理念通过对高校毕业生就业工作的指导作用，影响高校毕业生就业工作发展模式。良好的高校毕业生就业工作理念对高校毕业生就业工作的有效开展具有良好的指导作用，高校毕业生就业工作的顺利开展有助于促进高校毕业生就业工作模式的科学发展；反之，对高校毕业生就业工作模式的科学发展产生负面影响。

（2）贵州高校就业工作理念影响高校毕业生就业工作的奋斗目标和努力方向

毕业生就业工作理念具有前瞻性，有着对高校毕业生就业工作奋斗目标和努力方向的设定，体现出对高校毕业生就业工作未来发展状态的一种期待。当前贵州高校毕业生就业工作突出市场和责任理念，这种工作理念注重的方面：一是关注高校毕业生就业市场的变化，对大学生的身心健康和思想教育关心不够；二是关注高校毕业生就业率的完成，对大学生的就业质量关心不够；三是关注高校毕业生就业工作成果的考评，对就业工作的开展过程关心不够。在这种就业工作理念指导下所开展的高校毕业生就业工作的主要工作内容：一是提供更多的就业信息，积极促进高校毕业生就业；二是宣传相关就业促进政策，积极讲解政策的新变化内容；三是明确高校毕业生就业工作目标，积极落实工作责任制；四是重视高校毕业生就业工作的信息化建设，积极开拓毕业生就业市场。贵州高校毕业生就业工作开展的这些主要工作内容对毕业生就业工作发展模式的影响主要体现在两个方面：一方面对高校毕业生就业市场的关注能够促进高校毕业生就业工作发展模式"以市场为导向"的人才培养模式改革；另一方面对大学生的身心健康和思想教育关心不够不利于大学生的全面发展和长远发展，影响高校毕业生就业工作模式的科学发展。

因此，贵州省高校应该树立"以市场为导向"和"以学生为本"有机结合的高校毕业生就业工作理念，探讨"以市场为导向"的多元化人才培养体制，培养符合社会需求的高素质人才。同时关心学生、研究学生、发展学生和引导学生，促进大学生的个性化发展、全面发展和长远发展。建立市场、招生、培养、就业的联动机制，提升大学生的综合素质与就业能力，推动贵州高校毕业生就业工作的顺利开展，推进贵州高校毕业生就业工作模式的科学发展。

# 5 贵州省情与贵州高校毕业生就业工作发展模式研究

贵州高校毕业生就业工作发展模式的路径具有方向性、目标性和约束性的特征，其路径选择是基于一定的因素和条件所作出的理性、客观的分析，尤其需要仔细考虑其存在和发展的大前提——贵州省基本省情。这样才能保证贵州高校毕业生就业工作发展模式的路径选择具有正确性和科学性。

## 5.1 贵州经济发展现状与特征

### 5.1.1 经济快速发展但总体水平滞后

贵州省坚持"稳中求进、提速转型"的总基调，各项工作取得新成绩。经过近年的经济发展，全省综合经济实力明显增强。主要经济指标总量翻了一番以上，近两年经济增长速度排位上升到全国第三位和第二位。2012年，地区生产总值达到6802亿元，年均增长12.8%；人均生产总值达到19600元，年均增长14.1%。全社会固定资产投资达到7809亿元，年均增长35.9%。[1]社会消费品零售总额达到2032亿元，年均增长18.8%。公共财政预算收入达到1014亿元、支出达到2753亿元，年均分别增长28.9%

---

[1] 贵州省人民政府网站：http://www.gzgov.cn/gzgk/jbsq/78387.shtml。

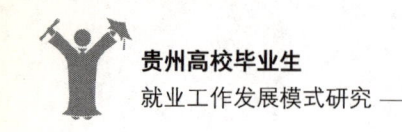

和28.2%。三次产业比例调整为12.5∶41∶46.5。工业化强力推进，规模以上工业增加值达到2254亿元，年均增长16%。以旅游为重点的现代服务业加快发展，第三产业增加值达到3164亿元，年均增长13.9%。❶城镇化步伐加快，城镇化率提高到36.5%。产业园区建设取得重大突破，新建园区111个，增加值占全省工业增加值的40%。

贵州经济社会发展取得的巨大成就为贵州省今后的发展打下了坚实的基础，使全省经济发展站在新的起跑线上。但在新一轮全国竞相发展的大潮中，贵州省仍处于落后地位。概括地说，就是工业化和城镇化水平低，农业基础薄弱，农村贫困人口多、贫困程度深、人民生活水平还不高，科技创新能力弱，教育事业发展滞后，人口资源环境压力大，市场机制不完善等。2012年，全省生产总值仅为全国生产总值的1.31%，在全国31个省级行政单位（未统计香港特别行政区、澳门特别行政区、台湾省）中居26位，人均生产总值在全国居31位。❷2012年，贵州省贸易开放度为0.97%，仅为全国的2.06%；实际利用外资仅约占全国利用外资的0.94%。城镇化率仅36.5%，与全国平均水平相差16.1%，是全国除西藏自治区外城镇化率最低的省份。下一轮发展中，全国已进入以转变发展方式为重点阶段，而贵州省既要转变发展方式，又要加快发展速度，面临着既要"转"又要"赶"的双重压力和双重任务。

### 5.1.2 城乡"二元结构"突出

从总体上来说，贵州城乡"二元结构"突出表现为：城市经济以工业生产为主，而农村经济以典型的小农经济为主；城市的道路、通信、卫生和教育等基础设施发达，而农村的基础设施落后；城市的人均消费水平远远高于农村。具体表现为：2012年贵州全省常住总人口3484万人，其中城镇人口1268.52万人，占36.41%；乡村人口2215.48万人，占63.59%；城镇化率为36.4%。2012年全省生产总值6802.20亿元，其中第一产业

---

❶ 贵州省人民政府网站：http://www.gzgov.gov.cn/gzgk/jbsq/78387.shtml.
❷ 天涯社区网站：http://bbs.tianya.cn/post-333-314818-1.shtml.

增加值 890.02 亿元，增长 8.5%；第二产业增加值 2655.39 亿元，增长 16.8%；第三产业增加值 3164 亿元，增长 12.1%。第一产业增加值占全省生产总值的 13.08%；第二产业增加值和第三产业增加值共占全省生产总值的 86.92%。产业结构继续调整，第一产业、第二产业和第三产业增加值占生产总值的比重分别为 13.1%、39.0% 和 47.9%。全年农民人均纯收入 4753 元，农民人均生活消费性支出 3901.71 元，全年农民人均支出占收入的比重为 82.09%。全年城镇居民人均可支配收入 18700.51 元，城镇居民人均消费性支出 12585.70 元，全年城镇居民人均支出占收入的比重为 67.30%。❶全年城乡居民的人均收入比约为 4∶1。此外，贵州城乡发展的不平衡导致人才的分布也极不平衡。在贵阳市等城市人才数量相对要多，而在偏僻的城市，特别是自然条件较差的边远民族地区，人才数量非常有限。

贵州城乡"二元结构"突出制约着本省社会经济的快速持续健康发展，妨碍着全省"三农问题"的彻底解决，阻碍着全面小康社会的建设进程。

### 5.1.3　经济发展方式加快转型

加快转型是实现科学发展的重大举措，也是贵州经济社会发展趋势所迫。贵州省经济发展，经历了主要依靠生产要素数量的扩张后，已转向使用效率和经济效益的提高，走绿色、低碳、集约的道路，其重要举措之一就是建立生态产业园区。目前生态产业园区建设取得重大突破，新建园区 111 个，增加值占全省工业增加值的 40%。发展生态经济、循环经济，已取得初步成效。资源节约、环境保护不断加强。❷随着经济发展方式加快转型，贵州省在"十二五"期间表现出诸多与"十一五"时期不同的特征。例如，资源环境约束日益增强，迫使全省人民要在"十二五"乃至更长时期走出一条科技含量高、经济效益好、资源消耗低、环境污染少、人力资源得到充分发挥的新型工业化的路子。当前，贵州省正按照转变经济发展方式的要求，努力推进工业经济结构优化升级，工业科技自主创新能力不

---

❶ 贵州省人民政府网站：http://www.gzgov.gov.cn/gzgk/jbsq/78387.shtml.
❷ 贵州省教育厅. 贵州省情教程（第三版）[M]. 北京：清华大学出版社，2011：90.

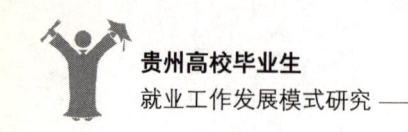

断增强，工业技术进步加快，工业特色行业持续发展，新型工业化道路不断拓宽，工业经济发展逐步由粗放型转向资源综合利用、环境保护加强、综合效益提高的科学型。推进传统第三产业向现代服务业迈进，服务业稳步发展，以旅游业、邮政业、金融业、房地产业等为代表的现代服务业继续拓展，传统服务业适应能力更强。推进传统农业向现代农业转变，农业生产有了较大发展，农业生产结构得到调整，农业产业化快速推进。

### 5.1.4　经济发展阶段向跨越型转变

2005年后，贵州省坚持科学发展观，促进小康目标的实现、产业结构的升级和地区发展的协调，正在推动经济社会发展历史性跨越的实现。2010年，提前一年实现了中国共产党贵州省第十次代表大会确定的上述跨越第一步战略目标，即全省人民生活水平总体上实现由温饱到达总体小康，全省生产总值突破4000亿元，人均生产总值突破1000美元等。2012年，贵州生产总值6802.2亿元，人均生产总值突破1700美元。在进入新世纪的头12年中，贵州省第一产业产值占生产总值的比重逐年递减，第三产业产值占生产总值的比重逐年递增。从2000年[1]—2005年，产业结构类型为"二三一"：第二产业产值占生产总值的比重最大，其次为第三产业产值，第一产业产值所占比重最小。2006年，贵州省产业结构发生了历史性转变，第一产业、第二产业和第三产业产值占生产总值的比重分别为16.33%、41.37%和42.30%。2012年全省生产总值6802.20亿元，其中，第一产业增加值890.02亿元，较上年增长8.5%；第二产业增加值2655.39亿元，较上年增长16.8%；第三产业增加值3256.79亿元，较上年增长12.1%。第一产业、第二产业和第三产业增加值占生产总值的比重分别为13.1%、39.0%和47.9%，产业结构得到持续调整。

---

[1] 余桂兰. 贵州区域文化、毕节区域文化与区域经济发展模式[J]. 中共贵州省委党校学报，2008（4）：38.

## 5.2 贵州的文化特征

文化作为全社会的精神财富之一，属于社会意识的一个重要组成部分。由于社会意识对社会存在具有依赖性的特征，因此，文化的形成有其特定的基础。

贵州文化的形成，一方面导源于各种民族文化与地域文化，另一方面又深受特定的地理环境的制约和影响。因此，贵州文化在以下几个方面具有明显的特征。

### 5.2.1 多元一体，和而不同

贵州省既是少数民族的重要聚居区，同时又是汉族移民较多的地区之一。因此，贵州文化是一个复杂的系统，它由汉文化、苗瑶文化、百越文化、氐羌文化及濮文化等诸多系统组成，而这些系统又包括若干子系统。❶例如：汉文化中，有滇文化、巴蜀文化、荆楚文化和两粤文化的成分，也有中原文化、江南文化及其他地域性文化的内容。这还不仅是近粤而粤、近楚而楚、近蜀而蜀、近滇而滇的文化传播关系，事实上是临近几省边缘的拼合。❶地处黔中的贵阳市，拼合的痕迹渐渐冲淡，体现出"五方杂处"的特征。因为汉族移民来自全国各地，带来的文化不尽相同，并因集团性移民而保留原有的区域性文化特征，安顺市平坝县一带的屯堡文化就是一例。苗瑶民族，分布辽阔、居住分散、支系繁多，他们的文化既沿袭其固有的传统，又因为其支系不同、文化生态不同而产生若干分异，衍化出诸多的子文化系统，显得格外丰富多彩。百越文化的一致性相对要明显得多，但各民族在其形成过程中，又各有发展，突出个性，因而使布依文化、侗文化、水族文化及其他百越文化各具特色。彝族文化和土家族文化，虽然与古老的氐羌文化有深厚的渊源关系，但因文化形成的背景不同，也各具风貌，一东一西，判然有别。至于古代濮人的文化，经过长期的历史冲刷与文化交融，明、清时期已有许多差别，某些特征强化了，某

---

❶ 史继忠. 贵州文化解读 [M]. 贵州：贵州教育出版社，2000：18-20.

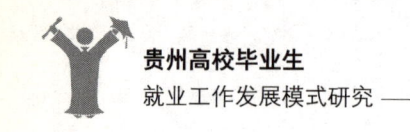

些特征又消失了。回族由西北经云南省进入贵州省,伊斯兰文化的特征长期保存。由此看来,贵州文化源多流广,是一种典型的多元文化。这种多元文化的形成,主要是因移民而引起,通过民族迁徙,以人为载体,一方面把带着本民族传统的文化深入贵州省,另一方面又受到后来逐渐强大的汉文化的影响和熏陶以及其他民族文化的碰撞和融合,在贵州省各地形成了许多多元文化的组成元素。从南方看,苗瑶、百越、氐羌和濮人的文化在贵州省汇集;从全国来看,汉文化与少数民族文化在此结合。这些文化,在长期的历史发展过程中,互相渗透,互相交融,"你中有我,我中有你",形成了多元一体的格局,构成一个极其复杂的文化系统。

如果用图形表示,贵州省的多元文化应该是一个多维的网络空间。每两个民族之间会有一条由很多点组成的线,代表着两种民族文化互相影响下所产生的不同文化单位。同时,在每两种文化之间的线上那些点可能也会与别个民族或者别两个民族之间的点,连接成许许多多其他的文化线。所有的线组成在一起,就构成了贵州省多元文化网络状态。这个多维网络不仅代表着文化本源的 49 个民族,而且代表着每一个民族后面所可能拥有的是更丰富文化细分。正是这些文化的"碰撞融合""和而不同",才造就了今天贵州文化的多元化。

### 5.2.2 曲线发展,总体滞后

在历史的长河中,贵州文化的走向,一方面深受全国形势演变的控制,另一方面又因其"不内不边"的特殊身份,其发展往往不能完全与全国同步。把贵州文化的演进,放在中国与世界的大背景下来作考察,在历史的屏幕上,即刻显示出一条起伏不定的波形曲线,并清晰地看到几个重要的临界点。在人类起源及漫长的"史前"时期,贵州文化因其灿烂而令人瞩目。可是在一段辉煌过去之后,骤然跌落下来,与商周及春秋战国的繁荣境况根本无法相比。从秦汉开始与中原文化接轨,可是,这一过程延迟了一千多年,直到明清才"渐比中州"。戊戌变法时期贵州省崭露了头角,但"西学东渐"在军阀混战中突然受阻,与西方文化的接轨到抗日战争时才出现了一个短暂的高潮。"三线建设"带来了现代的高新技术，但由于种种原因没有充分发挥它的作用，在新世纪到来之时又有许多困惑。

纵向比较，贵州文化逐步与全国、与世界接轨，然而无论是哪一阶段，它的发展都极不充分，都存在一个较大的差距，显得"先天不足"，所以，就总体水平来讲，它在全国处于滞后状态，要达到世界先进水平还有一段距离。使人感到震惊的是，在贵州这个偏远、落后的山乡，思想文化却不时闪耀出光芒，不但跟上了时代的步伐，而且一度超前。在程朱理学笼罩全国的年代，思想界死气沉沉，是王阳明的心学打破了这种沉寂，激起了轩然大波，而这种新的思想，不是产生于繁华的京城，也不是发端于王阳明的故乡，而是在僻静的贵州的龙场产生。特别是到了近代，思想更加活跃。在太平天国革命时期，贵州发生了长达20余年的咸同各族人民大起义，爆发了十几次"反洋教"斗争。戊戌变法、辛亥革命、护国战争，贵州都站在先行者的行列。国民党和共产党的许多重要人物都出生在贵州，反映出思想界的斗争相当激烈。抗日战争中，"战时文化"，也有过一段辉煌的高涨时期。

历史告诉我们，当历史的浪潮波及贵州时，贵州文化便呈现一阵兴旺，而潮汐退去之后，又衰落下来，这与贵州特定的区位有关，因为它远离中国政治、经济、文化中心。从整体上看，贵州文化表现出曲线性起伏的现象，体现出"曲线发展，总体滞后"的特征。

### 5.2.3 民族文化深厚，丰富多样

贵州省是个多民族省份，不同的民族构成具有不同的特点，形成独特的本民族文化。这里有苗文化、布依文化、侗文化、彝文化、土家文化、水族文化、仡佬文化及回、瑶、壮、白、蒙古、满、羌等多种文化。贵州省深厚并且丰富的民族文化主要体现在以下几个方面：

一是建筑文化。贵州省的建筑各具特色，最常见的是干栏式房屋，这种房屋以竹木为材料建成，房顶盖瓦、盖草，有的建在平地，有的建在斜

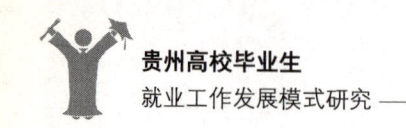

坡上。❶在安顺市平坝县、镇宁县一带，人们因地制宜，建造一种石板房，以薄石板盖顶，极为别致。特别是鼓楼和风雨桥，鼓楼是一种密檐式的塔形建筑，有三至十五重檐等多种形式，是村寨各种社会活动的中心，是民族建筑的瑰宝。风雨桥又称花桥，它把桥梁建筑与亭阁回廊结合为一体，可供行人避风雨和小憩。

　　二是饮食文化。贵州省的饮食，别具一格，突出的如糯食、酸辣、腌菜、腊味、米酒、油茶。居民喜欢泡制酸菜，最特别的如独山盐酸、黔东南的酸汤鱼、黔西北的酸菜京豆汤、黔北的酸鲊肉。侗族特别喜欢喝油茶，将茶叶蒸成茶饼、熬成茶汤，再加上油炸米花、花生、黄豆及糍粑之类，香脆爽口。❶

　　三是服饰文化。民族服饰尤其是妇女服饰特点非常突出，仅苗族妇女的服饰就有130种之多，不但衣裙款式不同，长短各异，而且色调多样，花纹变化无穷。仅就服饰这一点，就可以看出贵州文化非同寻常，它是一个极其复杂的文化系统。

　　四是传统工艺文化。蜡染、刺绣、挑花、织锦是贵州省民间工艺的几大杰作。❶蜡染是用印模或人工蘸蜡在织物上绘画，浸入蓝靛之中，受蓝后将蜡煮去，花纹极细，有冰纹，炳然可观。与此相类的还有札染、树脂染、石灰染等。刺绣大都是自幼学成，世代相传，其针法有平绣、瓣绣、结绣、缠缠、绉绣、贴花、抽花、打子、堆花等十多种，色调鲜艳，对比鲜明，风格与杭绣、湘绣、蜀绣迥然不同。挑花以平布为底，先用线勾出轮廓，然后按图样挑纱穿针，背面挑，正面看，精美无比。织锦以黑白线或五色线织成各种花纹图案，著名的有侗锦和苗锦。

　　五是民间艺术文化。各族人民都能歌善舞，如侗族大歌、苗族的芦笙舞和木鼓舞、瑶族的猴鼓舞、布依族的织布舞和糠包舞、水族的铜鼓舞和斗角舞、彝族的跳脚舞等。贵州省少数民族有自己创作的戏剧，如侗戏、

---

❶ 李建军. 中华传统文化与贵州地域文化研究论丛[C]. 贵州：贵州人民出版社，2006：97-98.

布依戏、苗戏等。贵州省的傩戏被称为"戏剧活化石",颇受国内外文化界关注。❶还有一种世俗化的地戏,以贵阳市、安顺市最为流行。

六是节日文化。贵州省有众多的民族节日,全省少数民族节日有1000多个。❶民族节日多集中于春播之前和秋收之后的相对农闲阶段。民族节日多带有地方性,同是一个民族,同样一个节日,由于地域不同,其时间、名称、内容也有差异。民族节日可以分为喜庆性、纪念性、祭奠性3大类。民族节日活动主要是对歌、跳芦笙、射箭、斗牛、斗鸡、摔跤、登山、划船、耍狮、舞龙等数十种,一个节日可以有多种活动内容。❶主要节日"苗族四月八"、苗族姊妹节、苗族跳水节、苗年等极其隆重和极具规模。布依族六月六是祭灶神、山神的节日,也称为过"小年"。此外,还有查白歌节、牛王节、祭萨节、花炮节、赶歌场等。水族有端节、卯节、苏宁喜节等。彝族有火把节、彝年等。土家族有赶年、社巴节等。仡佬族有仡佬节、吃新节等。瑶族有干巴节、盘王节等。

### 5.2.4 地域特征鲜明,山地文化显著

贵州文化,孕育在中华大地上,是中国传统文化的一部分。贵州省的饮食文化别具一格,头饰服饰多种多样,民族建筑风格各异,道路和桥梁也具有自己的特点。这里是名酒之乡,是蜡染之乡,是歌舞之乡,是铜鼓之乡。贵州省的戏被称为"戏剧的活化石",地戏、侗戏、苗戏、布依戏各具特点。贵州省山川秀丽,气候宜人,旅游文化资源极其丰富。凡此种种,说明贵州省的文化丰富多彩,自成一个复杂而富饶的多元文化体系。

就贵州文化的区域特征而言,与许多省区不一样。诚然,中原文化的形成也是多元的,但经过长期的交融,大体上已是一种风貌,许多古老民族的文化事实上已经融为一体。江南文化、岭南文化虽然有大量的越文化因素,但汉文化与吴越文化及两粤文化已经充分交融。西藏自治区虽然也有藏、门巴、洛巴等民族,但藏文化已成主势,构成了一个藏文化圈。新

---

❶ 李建军. 中华传统文化与贵州地域文化研究论丛[C]. 贵州:贵州人民出版社,2006:97–98.

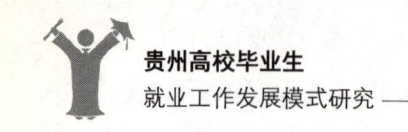

疆维吾尔自治区民族众多，但都具有西域文化的特色，而且伊斯兰文化在许多民族中有相当深刻的影响。[1]贵州省则不然，它既有大量汉文化，也同时存在着多种少数民族文化，各种文化都鲜活地存在和发展。这种情况与云南省颇为相似，但也只是"相似"而已，因为云南省和贵州省的民族组成不同，文化风貌也不一样。云南省最具特色的是氐羌文化，如白族文化、彝族文化、纳西文化、藏文化、景颇文化等，而傣族地区因深受小乘佛教影响，与其他地区的百越文化又有所不同。[1]贵州省是"西南民族文化大走廊"，各种文化类型在这里都集中展现出来，显得五彩缤纷，绚丽斑斓。

通过与以上区域文化进行仔细比较，贵州文化存在明显的区域性差异，既不同于中原的黄河文化，也不同于江南的长江文化，更不同于塞外的北方文化和西北文化，具有独特的风貌。在贵州，黔北一带明显属于巴蜀文化的范围，黔东一带颇受荆楚文化的影响，黔南及黔西南与两粤文化多有共同之处，而黔西北及黔西南的某些地区又近乎滇文化。其实，这只是就大的分布而言，在贵州还因不同时期、不同来源的移民而带来了其他地区的文化：例如安顺市平坝县、镇宁县一带的屯堡文化，"南京人"带来的江南文化，"老巴子""辰州人"带来的湖湘文化等；例如贵阳，就是个五方杂处之区，在清代有四川会馆、两湖会馆、两广会馆、云南会馆、陕西会馆、山西会馆、江西会馆等，抗日战争时期又来了大批"下江人""北方人"，解放后人口流动更大，五湖四海的人在贵阳都有，因而各种文化现象在贵阳都有表现；等等。

山地文化是贵州区域性文化的一个显著特征。这与贵州省的地理环境有着密切关系。贵州省是著名的"山国"，山地和丘陵占全省总面积的97%，平地只占3%，且出露的石灰岩面积占74%。生产、生活及风俗习惯都与山地结下不解之缘，因而在文化上不可避免地要不同程度地打上"山"的印记，从而构成与外地不同的山地文化。山地文化是贵州区域性

---

[1] 彭岚嘉，陈占彪，等. 中国西部文化发展战略研究[M]. 北京：中国社会科学出版社，2002：115–117.

文化的一个显著特征，它是各种民族文化的"大同"，从自然方面影响着贵州文化的发展。山地直接影响各民族的生活方式，并赋予人们一种特殊的性格、灵感和创造力，因而许多文化现象都由"山"引发出来，具有浓厚的山野气息，表现出独特的山地文化特征。

## 5.3 贵州的区域特征

### 5.3.1 地处落后的西部地区

中国西部由西南五省、自治区、直辖市（四川省、云南省、贵州省、西藏自治区、重庆市），西北五省、自治区（陕西省、甘肃省、青海省、新疆维吾尔自治区、宁夏回族自治区）和内蒙古自治区、广西壮族自治区以及湖南省的湘西、湖北省的恩施两个土家族苗族自治州组成。其土地面积538万平方千米，占全国国土面积56%；目前人口约2.87亿，占全国人口总数的22.99%。西部地区地域辽阔，人口稀少，是我国经济欠发达、需要加强开发的地区。全国尚未实现温饱的贫困人口大部分分布于该地区，它也是我国少数民族聚居的地区。从30多年的发展历程来看，大量生产要素涌入"先富起来"的东部地区，东西部经济总量相对差距呈快速扩大趋势。2011年，东部地区生产总值达到26.92万亿元，是1978年的177.8倍；西部地区生产总值为9.96万亿元，是1978年的137.2倍；东部地区生产总值是西部的2.70倍。从经济发展阶段来看，东部地区已度过经济高速增长的时期，进入高质量平稳增长的经济发展阶段，经济发展重心转为经济结构优化升级、经济发展质量提高；而西部地区正在步入经济快速增长阶段。

从产业结构来看，东部沿海地区非农业产值已占到农村社会总产值的80%左右，农业产值仅占20%。而西部地区非农业产值则仅占20%，农业产值却占了80%。这种经济结构的差距，导致东部发达地区农民收入主要来源于效益较高的第二、三产业，而西部地区农民收入70%~80%则来源于效益较低的第一产业。从"三农"问题看，西部农村发展落后，西部城乡差距更为显著。东部地区与西部地区农村全面建设小康实现程度差距进

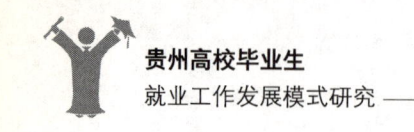

一步扩大。东部走完了农村全面建设小康社会进程的近一半路程，而西部地区刚刚达到总体小康水平，全面建设小康任重道远。从综合性社会总体发展水平看，西部地区经济发达程度较低，人口素质较低，社会结构和生活质量也落后于东部沿海地区。

贵州省作为西南五省之一，是我国西部地区资源十分丰富而又欠开发、欠发达、欠开放的省份。由于各种原因，历史上贵州经济社会的发展相对于全国而言，总体上处于比较落后的状况。从横向角度与发达地区比较，贵州省贫困面较大，存在着一定差距。总体上说，贵州省各种主要经济指标长期位列全国倒数位置，与其他省份经济发展水平差距在不断扩大。贵州省人均国内生产总值在全国处于挂末状况，而且经济总量也相对较小，仍是全国最贫困的省份之一，是我国西部的"西部"。

### 5.3.2 属于"三不"的内陆省份

贵州省位于中国西南部，是一个不沿江、不沿海以及不沿边的内陆省份，远离中国的政治、经济和文化中心。

该省处于湖南、广西、重庆、四川、云南五省（直辖市、自治区）之间，距出海口500千米，可以北上重庆市、四川省，南下广西壮族自治区、广东省以出海，东连湖南省通向中部和东部各省区，西出云南省连接缅甸等东盟国家，在西南地区处于东西和南北的十字线上，是祖国西南部的重要交通枢纽，在经济发展中具有重要的过境经济效益、输出经济效益和输入经济效益。因此，贵州省是西部省区中唯一与东部和中部连接的省份，是西部地区通向中部和东部的桥梁，也是西部诸省出海的最近通道。

同时，贵州省处于长江和珠江上游的河流水系。由于贵州省地处云贵高原东部，境内地势西高东低，自中部向北、东、南三面倾斜，平均海拔在1100米左右。境内分布着四大山脉：北部的大娄山、东部的武陵山、西部的乌蒙山和横亘中部的苗岭，这四大山脉构成了贵州高原的地形骨架。这复杂的地形造成境内沟壑纵横，便于河流的发育。全省河流多发源于西部和中部山地，顺地势向北、东、南三面分流。以中部苗岭为分水岭，苗岭以北属于长江流域，流域面积为11.57万平方千米，占贵州省总面积的65.7%，有牛栏江横江水系、乌江水系、赤水河綦江水系和沅江水系四大水系；苗岭以南属珠江流域，流域面积为6.04万平方千米，占贵州省总面积的34.3%，有南盘江水系、北盘江水系、红水河水系和都柳江水系四大水系。❶这些河流水系均分别处于长江和珠江的上游。

### 5.3.3　位于西南多民族地区❶

根据第六次全国人口普查统计，我国少数民族共有11379万人，55个少数民族在西部几乎都有分布，全国少数民族总人口的80%分布在西部。西南地区的少数民族人口共约3748.2万人，约占全国少数民族人口的33%。全国少数民族人口数超过千万的3个省、自治区（广西壮族自治区、云南省、贵州省），西南地区有两个。在我国行政区划概念中，西南地区又被称作西南五省（自治区、直辖市），即四川省、云南省、贵州省、重庆市、西藏自治区，总面积达250万平方千米。区域内少数民族人口总数约占全区总人口的1/5。其中四川省少数民族人口总数已达490.8万人，占全省总人口的6.1%，同全国相比，四川省少数民族人口占全国的比重居全国第六位。重庆市有55个少数民族分布，少数民族人口总数为193万人，占全市总人口的5.8%。西藏自治区常住人口为300.2万人，藏族和其他少数民族人口占91.83%。云南省是民族种类最多的省份，除汉族以外，人口在5000人以上的世居少数民族有彝族、哈尼族、白族、傣族、壮族、苗族、回族、傈僳族等25个。其中，哈尼族、白族、傣族、傈僳族、佤族、拉祜族、纳西族、景颇族、布朗族、阿昌族、普米族、德昂族、怒族、基诺族、独龙族15个民族是云南特有的。全省少数民族人口数达1533.7万人，占全省人口总数的33.37%，是全国少数民族人口数超过千万的3个省（自治区）（广西壮族自治区、云南省、贵州省）之一。民族自治地方的土地面积为27.67万平方千米，占全省总面积的70.2%。贵州省作为西南地区的省份之一，虽然不是民族自治区，但是属于多民族省份，全省共有54个少数民族分布。在这片土地上，居住着汉、苗、布依、侗、土家、彝、

---

❶ 贵州省教育厅. 贵州省情教程(第三版)[M]. 北京：清华大学出版社，2011：20-21.

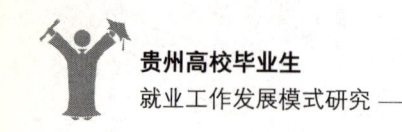

仡佬、水、白、回、壮、蒙古、畲、瑶、毛南、仫佬、满、羌18个世居民族。少数民族人口的分布，具有成片聚居、分散杂居的特点，除民族自治地区外，还有454个民族乡，民族自治地方占全省总面积的55.5%。在众多的少数民族中，人口数超过10万的有苗、布依、侗、土家、彝、仡佬、水、白、回等民族。据第六次人口普查，全省少数民族人口总数为1255万人，占全省总人口的36.11%，占全国少数民族人口的11.03%，少数民族人口总量为全国第四位，比重居全国第五。

我国西南地区的民族种类最为众多，若以单位面积上拥有的民族数作为民族密度来衡量，那么本地区的民族密度之高，不仅在我国是首屈一指的，即使在世界上也是绝无仅有的。

### 5.3.4 处于喀斯特山区

贵州省位于中国喀斯特强烈发育的中心区域，中国喀斯特地形主要分布在贵州、云南、广西、四川、湖南、湖北六省（自治区），而贵州正好位于六省区的核心位置。[1]贵州省的岩溶地貌发育非常典型，喀斯特面积居中国之最，所占的比例最高。全省的喀斯特地形面积约13万平方千米，是全省土地面积的73.6%。有喀斯特分布的县市共83个，占全省县市总数的95%。而以路南石林闻名于世的云南省，其喀斯特面积不过约有11.1万平方千米，仅占全省总面积的29%；以"桂林山水甲天下"著称的广西，喀斯特面积约8万平方千米，仅占全省面积的33.85%；就是以喀斯特著称的前南斯拉夫，喀斯特面积也才7万平方千米，仅占国土面积的33%。由此看来，贵州省是世界上岩溶地貌发育最典型的地区，贵州喀斯特当之无愧为世界之最。[2]全省境内岩溶分布范围广泛，形态类型齐全，地域分异明显，构成一种特殊的岩溶生态系统。正是这种特殊的岩溶生态系统，喀斯特所有形态的地面、地下"作品"在贵州省都能看到，使贵州省拥有了蔚

---

[1] 张幼琪. 神奇的喀斯特王国——重塑贵州旅游形象的思考[M]. 贵州：贵州民族出版社，2000：2.

[2] 张幼琪. 神奇的喀斯特王国——重塑贵州旅游形象的思考[M]. 贵州：贵州民族出版社，2000：21.

为壮观的奇山险洞、丽水美林。也正是因为喀斯特造成的山势起伏、山地破碎，贵州省境内高原、山地、山原、丘陵、盆地、河谷阶地等各种形态的地貌，应有尽有，是全国唯一没有平原支撑的省份。这种复杂多样的地貌类型，对外来文化形成了天然的阻隔，使生活在其中的少数民族文化有了强烈的地域色彩，使贵州省形成了特色浓郁的喀斯特风情。

## 5.4 贵州省情下的大学生就业指导

大学生就业指导是一项具有专业性、创新性以及艺术性特征的工作，需要业务能力较强的工作人员不断创新为大学生提供就业服务的工作方式，提高就业指导服务质量。同时，大学生就业指导也是一个系统性工程，需要政府、高校以及社会组织等多方主体的协作才能真正做好该工作。此外，大学生就业指导还是一项受诸多外在因素和条件影响的工作，需要统筹考虑各约束性的因素和条件。

本书立足于贵州省情，在这个大背景之下探讨贵州高校的大学生就业指导，指出需要加强大学生就业指导的内容。

### 5.4.1 创新就业指导理念

就业指导教育工作是在一定的就业指导教育理念指导下进行的。因此，有什么样的就业指导教育理念就会产生与之相应的就业指导工作。由于贵州省地处西南地区的云贵高原东部，境内山高谷深，山地和丘陵占总面积的92.5%，在这种"地无三里平"的山区自然条件下对发展交通、通信十分不利，阻碍了信息交流和思想交流，出现一些所谓的"文化孤岛"，致使贵州省长期处于封闭半封闭的状态，人们在思想观念上比较保守。此外，地处西部少数民族地区的贵州省是我国欠发达、欠开发的省份之一，西部地区的相对贫困落后，使高校毕业生的就业形势更加严峻，更具有自生的特点。这需要高校大学生就业工作人员创新就业指导工作的理念，以全新的就业指导工作理念更好地指导新形势下的贵州高校大学生的就业工作。

新形势下，贵州省大学生就业指导工作应树立以下几个应有的理念：

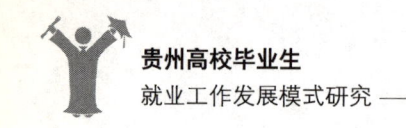

一是以学生为本的理念，以平等、互动的模式促进大学生全面协调可持续发展。二是专业化和专家化理念，大学生就业指导教育应朝着专业化的方向发展，使就业指导教育工作与行政工作相分离，形成就业指导人员的职业化，进而实现就业指导人员的专家化。三是全程化的工作理念，即就业指导教育工作不但要实现从大学一年级新生到大学四年级毕业生的全程化，而且要贯穿渗透到高校教学、管理、服务工作和活动的全过程中。四是全员化的工作理念，高校的大学生就业指导教育工作而需要统一认识，完善就业指导体系，学校各部门和各教学院系的教职员工要全员关心并积极参与就业指导教育工作，或指导、或服务、或管理、或提供就业信息等采取各种措施，主动做好服务工作，不断加强和改进大学生就业指导教育工作。五是质量意识，大学毕业生质量直接影响到他们在未来市场竞争中的成败，直接关系到学校大学生就业指导工作顺利与否。因此，不断提高学生的培养质量，是搞好大学生就业指导教育工作的关键所在。做好大学生就业指导工作，除了在大学生就业指导教育工作过程中采取切实有效的措施外，更应注重高校大学生就业指导教育前的培养质量，增强学生在就业市场的竞争力。六是创新理念，大学生就业指导需要从思想观念、管理体制、方法措施、培养模式、宣传服务等方面实施创新，不断探索高校大学生就业指导工作的新机制、新体系、新模式，不断研究就业指导工作中出现的新情况、新问题。只有这样，贵州省大学生就业指导工作才能取得新进展，才能破解就业难题。

### 5.4.2 创新就业指导内容和形式

贵州经济社会发展长期受传统计划经济的影响较深，商品经济不发达，沿袭计划经济模式的惯性较大。从经济基础决定上层建设的原理理解，贵州省高校必定会受到计划经济模式的影响，与以市场为导向的"双向选择，自主择业"的高校大学生就业制度改革的不断深入和推进程度相比，高校大学生就业指导教育的服务工作表现出明显的滞后性，存在着许多不能适应市场经济发展和高等教育大众化发展的问题，主要体现在以下方面：

一方面，高校毕业生就业指导的内容具有雷同的特点，主要集中于提供信息服务、政策导向、思想指导、择业技巧等四个方面的服务内容，这些服务内容一般都处于表面层次、过于简单，对于个人特征评价、择业心理咨询、创业指导、职业生涯规划等深层次的具有本质性的服务却很少提供，甚至没有涉及；另一方面，高校毕业生就业指导主要通过集中上大课的形式，笼统泛泛式地传授空洞、抽象的理论、技巧，很少提供一对一的个性化的就业指导。[1]

因此，贵州省各高校亟需对就业指导的内容和形式进行创新，实现更好促进大学生就业的目标。在就业指导的内容方面，建立系统的有机联系的贯穿大学始终的以职业生涯发展规划为基础的就业指导教育内容（图5-1）。如以贵州高校本科生的就业指导教育工作为例，应该是四个阶段相互贯通、有机连成，形成较为完善的系统的就业教育指导体系。

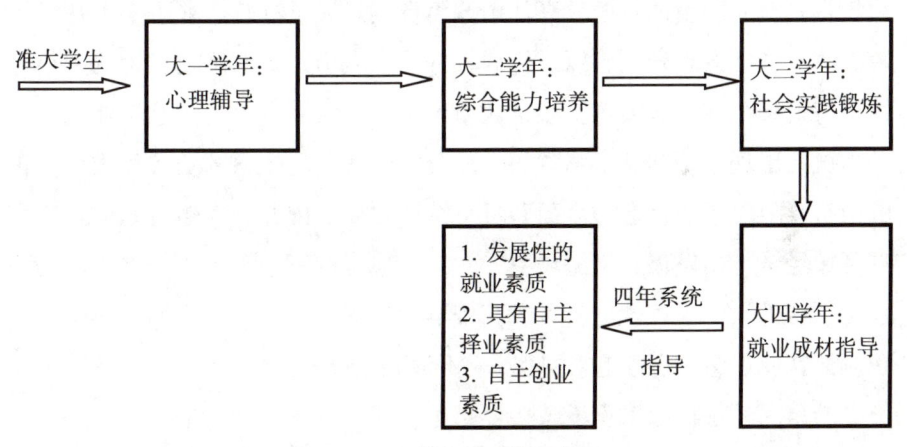

图 5-1　系统化就业指导体系

在就业指导工作的形式方面，改变过去贵州高校大学生就业指导形式，在大学生就业指导教育措施、培养模式、宣传服务等方面实施创新，如请走上工作岗位取得好成绩的校友谈工作体会、能力素质较强的高年

---

[1] 孙百才，李发军. 西部地区高校毕业生就业问题研究：以甘肃省的实证调查为例[M]. 北京：高等教育出版社，2009：182-184.

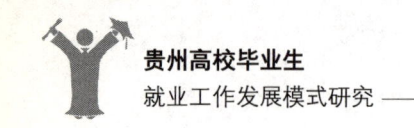

级学生与低年级学生座谈、请用人单位谈他们对人才的素质要求等。学习、借鉴国内外高校在大学生就业指导教育方面好的经验，如建立对大学生职业能力追踪测评机制，培养大学生的职业兴趣，明确自己的职业定位。建立政府高校就业指导教育专项基金，纳入政府财政预算，增加对本省高校大学生就业指导教育工作的财政支持，有条件的高校也要增加对本校就业指导中心（处）的资源投入，加强就业指导队伍建设，多提供一对一的就业指导教育，提高就业指导的效益。

### 5.4.3 转变大学生就业观念

近年贵州省经济社会发展取得了显著成绩，但从整体来看仍然是一个贫困、落后和闭塞的省份。一方面由于本省在资源的不平衡性分布特征下的资源经济发展特征显著，导致区域经济社会发展差距大，城乡二元结构特征十分明显；另一方面由于大批高校毕业生追求实现自己人生价值的意识较强，就业期望值普遍较高甚至偏离现实。大批高校毕业生集中在经济较发达、基础设施较完善以及待遇较好的大城市，造成边远贫困的中小城镇、特别是乡镇企业或者乡镇事业单位招不到恰当数量的大学毕业生。这种情况的出现，不利于贵州省的人才资源配置，造成人才资源和教育资源的浪费，阻碍经济社会的全面和可持续性发展。因此，在短时间内无法实现区域经济平衡发展、消除城乡二元结构障碍的背景下，当务之急就是高校必须帮助大学生理性分析本省高校毕业生的就业状况，帮助大学生树立正确的就业观念，理性追求实现人生价值的合适途径。

### 5.4.4 引导毕业生基层就业

贵州省处于西南的多民族地区，是我国欠发达、欠开发的省份之一。虽然近十年来贵州省经济社会发展迅速，产业结构调整的步伐也在加快，且"十一五"规划后贵州省产业结构的类型转变为"三二一"，第三产业的产值占国内生产总值的比重超过了第二产业产值占国内生产总值的比重，但是由于贵州省工业化长期滞后，三大产业普遍存在产业链低端型生存现象。从整体层面看，科技含量低、竞争力不高、附加值少，对促进本省高校毕业生就业作用不理想。此外，对于地处西南多民族、贫困落后地区的贵州省高校如何帮助本校特殊专业学生、少数民族学生和贫困学生更好的就业，迅速帮助他们摆脱贫困的现状，是贵州高校毕业生就业工作的重点。面对以上问题，继续做好贵州高校大学生的基层就业工作，不但能够及时促进大部分大学生就业尤其是对解决部分贫困毕业生、特殊专业毕业生、少数民族毕业生的就业难问题具有重要的意义，而且由于本省高校毕业生对基层就业工作比较关注，对该工作持欢迎态度。近几年到基层服务项目就业的高校大学生年均约达 1.5 万人。❶

贵州省高校可从以下两方面继续做好高校大学生的基层就业工作：一是继续深入开展引导和鼓励高校毕业生面向基层就业工作，切实做好组织到位、政策到位、宣传到位、项目到位；会同有关部门做好贵州省"三支一扶""大学生自愿服务西部""选聘高校毕业生到村任职""高校毕业生就业见习计划""选调生""农村义务教育阶段学校教师特设岗位"等项目计划；二是各高校把组织高校毕业生应征入伍服义务兵役工作作为今后的长期任务，纳入本省高校就业工作的重要日程，建立健全工作体制。

## 5.5　贵州省情下的大学生创业教育

随着"创业带动就业"口号的提出，社会就业观念的转变，大学生创业日益受到社会的关注。但是，这类特殊群体的创业教育在高校就业工作中还处于探索阶段。大学生创业教育作为新兴教育，其有效实施不但要基于高校的实际教学资源、师资力量以及学生个性特征等情况，而且必须依据区域的特征、经济社会发展状况以及资源禀赋等实情。

本节基于贵州省高校整体实况依据贵州省实际省情，借助"双平台、双层次"创业教育模式，对贵州省高校的大学生创业教育进行研究。

---

❶ 贵州省大中专毕业生就业指导中心. 贵州省2011年普通高等学校毕业生就业工作总结汇编[M]. 贵州：贵州教育出版社，2011：2.

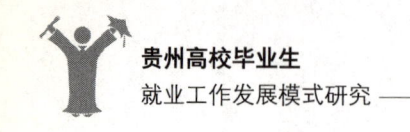

### 5.5.1 基于贵州省情的"双平台、双层次"创业教育模式构建

贵州省地处西南多民族地区，民族文化丰富且浓厚，给文化产业和旅游业的发展增添了鲜明特色。例如，在发展民族文化产业方面，贵州省是一个少数民族人口比例较高的地区，民族文化、民族风情、民族特色资源十分丰富，发展民族文化产业具有得天独厚的优势。在民族歌舞方面，有苗族古歌、侗族大歌、布依族八音坐唱和铜鼓十二调、苗族刻道等；在民族节日方面，有苗族鼓藏节、苗族姊妹节、侗族萨玛节、水族端节、仡佬族毛龙节等；在民族戏剧方面，有安顺地戏、德江傩堂戏、思南花灯戏、石阡木偶戏等；在民族民间工艺方面，苗族蜡染、苗族刺绣、苗族银饰、水族马尾绣、茅台酒制作技艺、皮纸制作技艺等在全国都很有知名度，对这样一些民族文化产品加强创新、进行挖掘，可以提升少数民族的文化、宗教、风俗的熟知度，提高少数民族地区人们的人文素质，发展区域文化经济，为高校毕业生开拓特色化的就业空间。总之，以贵州省丰富的生态文化、历史文化、民族文化、红色文化等各种文化优势为依托，开发文化产品，发展文化产业，创立"多彩贵州"文化品牌，形成以娱乐业、演出业、网络文化业、音像业、文化旅游业、广播电视业、新闻出版业、艺术培训业、工业美术品业等共同发展的文化产业格局。这些文化产业格局的形成，可以催生新的产业内容，促进产业结构的优化升级，为高校毕业生提供广阔的富有特色的就业空间。

这些独特的区域特征、丰富资源以及良好的经济社会发展局面给贵州高校大学生创业提供了良好的条件。但是，大学生创业教育有别于社会人员的创业教育。大学生这类特殊群体创业同社会人员创业具有较大的差异，无论是创业意识、创业能力、创业技能以及创业资源等都明显不足，甚至缺乏。因此，大学生的创业教育具有层次性、系统性以及规范性特征，需要注重创业意识的萌发、创业知识的系统传授、创业技能的稳步提升、创业精神的继承、创业能力的凝练等。本书根据贵州省情和大学生创业教育的特征，构建了"双平台、双层次"的创业教育模式。

"双平台、双层次"的创业教育模式（图5-2）借助教学平台和实践平台这两大类创业教育平台,鉴于不同阶段的大学生个性特征、知识结构、综合素质和兴趣爱好,对贵州高校大学生进行层次性、重点性、目的性的创业教育。其中双平台指由创业理论课程、创业活动课程、创业实践课程三个课堂构成的教学平台和由创业课程实验、创业基地实训、创业社会实战三类实践组成的实践平台。教学平台主要以理论知识传授的方式培养贵州高校大学生的创业意识、创业知识、创业精神,实现大学生在接受创业教育的过程中进行自我教育的目标。实践平台主要培训贵州高校大学生的创业实践能力,通过身临其境的创业体验,达到将创业理论知识转化为创业成果以培养真正创业者的目标。双层次指针对大学生的个性特征、综合素质、兴趣爱好和创业潜能,对处于不同阶段、具备不同创业能力的大学生实施的普及层以及提升层的创业教育,实现有层次、有重点、有目的的贵州高校大学生创业教育。

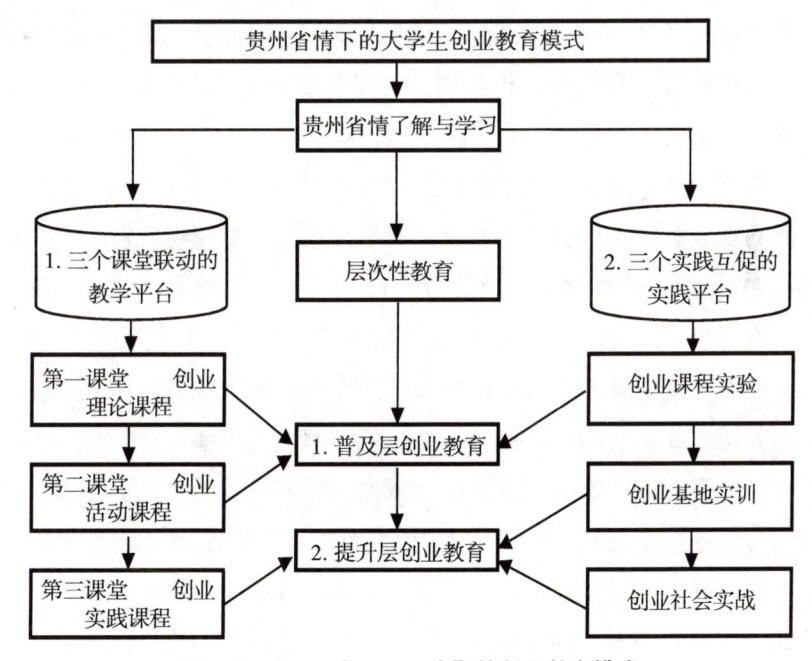

图 5-2 "双平台、双层次"的创业教育模式

### 5.5.2 "双平台、双层次"创业教育模式的实践

本书借助以上构建的贵州省情下的大学生创业教育模式——"双平台、

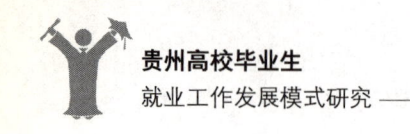

双层次"创业教育模式探讨基于贵州省情的高校大学生创业教育。

（1）基于双平台的贵州高校大学生创业教育

双平台是由创业教学平台和创业实践平台构成，创业教学平台和创业实践平台的建设是以贵州省高校实情与贵州省情为基础的，并且在两者的约束下进行本省大学生创业教育。

第一，基于教学平台的贵州高校大学生创业教育。教学平台由三个联动的课堂组成，这三个联动的课堂是根据创业大学生的培养目标和获取创业知识与培养创业能力的规律来建设的。因此，这三个课堂是一个相互联系的有机整体。

首先，贵州省情下的大学生创业教育第一课堂——创业理论课程。创业理论课程的主要方式是通过理论课程教学方式对贵州高校大学生进行创业教育，实现激发大学生创业意识、传授创业知识等目标。贵州省情下的大学生创业教育第一课堂可以包含专业渗透、必修课及选修课。在专业渗透方面可以将贵州省情的知识传授与大学生的专业课知识讲授紧密结合，例如可根据贵州省多姿多彩的民族旅游，将民族文化产业的研究和旅游专业知识讲授结合，激发大学生在特色纪念品制造、餐饮、住宿、娱乐服务等方面的创业意识。目前，生态养殖业生产总值在贵州省农业生产总值中的比例接近1/3，是贵州省农业产业化进展最快的领域之一。其中冷水鱼的养殖在贵州省生态养殖业中不仅占有产业化优势，而且富有特色。因此，可将冷水鱼健康养殖的知识与农学的专业知识的渗透，激发大学生在冷水鱼养殖、加工、销售，甚至集冷水鱼养殖、餐饮、住宿、休闲等于一体的乡村生态旅游方面的创业意识。依据贵州省高校的实情，可以将《职业规划与创业指导》作为必修课程，由高校的就业指导部门制定教学计划，教务处进行教学质量的监督与考核。在必修课程中开设创业意识课、贵州省情课、法律知识课、创业指导课等。贵州高校可以引进SYB（Start Your Business，意为"创办你的企业"）创业培训课程，通过系统性的创业知识培训，使大学生明确自己在创业知识、创业技能、创业能力等方面存在的不足，从而结合自己的兴趣、特长等针对性地选修一些与创业有关联性的课程。

其次，贵州省情下的大学生创业教育第二课堂——创业活动课程。创业活动课程主要以培养贵州高校大学生的创造能力、获得创业体验感为目的。贵州高校的就业指导部门可以通过邀请建立长久联系的企业主开展创业系列讲座、创业成功的往届毕业生开展创业专题讨论、本省大中专院校就业指导中心的专家举行创业政策讲座、兄弟院校参加本校的职业规划大赛、政府和事业单位领导参与的方式让大学生感悟、体会创业教育。同时，高校讲授创业知识课程的教师可以借助于创业案例分析，让大学生了解不同的创业特质，学习他人的创业经验，甚至带领大学生去大学生创业园或者大学生创业孵化中心进行创业体会。

再次，贵州省情下的大学生创业教育第三课堂——创业实践课程。创业实践课程与创业活动课程相异。创业实践课程更多的是将大学生置于高校之外，帮助学生经历直接的创业过程。因此，高校必须建立一批关系紧密的校外实习基地或者培养一批有着良好合作关系的企业。在此基础上，通过产学研的途径，指导老师可帮助具备创业潜力的大学生通过实习的方式融入实习基地或者企业的创业团队中进行实战演练。进入创业团队中的大学生在这些具有丰富创业经验的校外老师的带领下，能够将自己在课堂上掌握的创业理论知识同创业实践活动结合起来，更好地提高自己的创业能力和掌握创业技能。

第二，基于实践平台的贵州高校大学生创业教育。基于实践平台的创业教育主要以促使大学生创业理论、知识等向创业成果转化为目标。实践平台由创业课程实验、创业基地实训和创业社会实战三类平台构成。

首先，基于创业课程实验的贵州高校大学生创业教育。创业课程实验是让大学生站在企业主的角度，"充当其人"，使大学生认识创业需要哪些基本条件，以提高大学生的创业理论水平。高校可以根据大学生的创业项目内容聘请这一行业的企业主进行观摩点评，指出大学生在这些创业项目中应该注意的问题、掌握的创业技能以及亟待改进的地方。可利用 SYB 创业培训课程为平台，通过商业游戏、角色模拟等方式来完成。贵州高校可

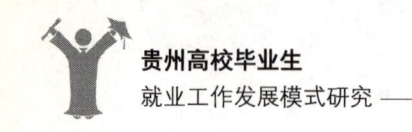

根据本省的经济社会发展趋势，选择具有发展潜力的某一领域作为创业项目，通过举行创业规划设计大赛的方式，让大学生模拟企业主对自己的创业项目写一份企划书，聘请创业经验丰富的专家进行点评，从而不断提高大学生的创业理论水平。

其次，基于创业基地实训的贵州高校大学生创业教育。创业基地实训可为创业大学生提供一个真实的创业环境，有效培养大学生的创业意识和提升创业能力。贵州省经济社会发展取得了显著的成绩，各地区逐步兴建了一批具有特色的主导产业和支柱产业，各地区的高校可以根据当地的经济社会发展调整本校专业布局，建设一批特色专业。通过产学研的校企合作办学途径，在高校和企业间建立良好关系，为本校的大学生创业提供一个好的平台。此外，贵州省政府可以从政策支持上扶持一批大学生创业园和大学生创业孵化基地的创建，为有强烈创业意愿但缺乏创业资金、创业经验、创业场所的大学生创业者搭建有效的创业平台，鼓励本省高校大学生进行创业实践。

再次，基于创业社会实战的贵州高校大学生创业教育。大学生的创业项目只有被社会引入才能更好地体现大学生创业者的价值。因此，高校必须探索有效的途径帮助处于创业后期的大学生进行社会实战，把一些优秀的创业项目引入社会。贵州省高校可以创建"大学生创业委员会"或者"大学生创业协会"，为大学生创业者提供创业项目管理、创业团队组建、法律咨询、专利申请等服务。委员会或者协会可聘请校内外专家为创业团队人员培训提供服务。此外，委员会或者协会可联系建立长久合作关系的地方创业基地，帮助成熟的创业团队做好入驻工作。委员会或者协会可以联合聘请专家定期对入驻的创业团队所开展的工作进行考评，并且安排大学生创业者的创业成果推介会，将创业成果推介到相关企业中。

（2）基于双层次的贵州高校大学生创业教育

由于贵州省各高校大学生的个性特征、创业意识、创意知识以及创业技能等具有个体差异性，因此，高校开展的创业知识教育必须具备良好的层次性、重点性以及目的性特征。双层次的贵州高校大学生创业教育是普及层创业教育与提升层创业教育相结合的创业知识教育方式。

第一，基于普及层的贵州高校大学生创业教育。普及层创业教育的对象是全体大学生，以激发大学生的创业意识和培养大学生的创业精神为主要目标。普及层创业教育包括创业理论课程、创业活动课程以及创业课程实验三个部分。高校可通过开设贵州省情、职业规划和创业指导、法律知识、公共关系管理、企业管理、市场营销等必修课以及举办类似的创业系列讲座、创业专题讲座、职业规划大赛、专题讨论、案例分析、现场体验、角色模拟以及商业游戏等活动转变大学生的创业意识，提高大学生的创业能力，增强大学生的创业信心。

贵州省高校应根据贵州省经济社会的发展，加强对新兴产业、优特产业、支柱产业以及主导产业的了解。同时，规划贵州高校大学生的普及层创业教育，使普及层创业教育具有系统性和规范性。从低年级开始进行贵州省情的教育和培养学生的创业精神、创业能力，并且随着年级的升高加大这种教育力度。普及层创业教育使受教育的大学生具备基本的创业素养、创业知识和创业精神，不但能够理性分析就业难问题，勇于面对毕业时期的激烈就业竞争，而且能够在创业条件成熟的时候主动进行创业。

第二，基于提升层的贵州高校大学生创业教育。提升层的创业教育是在普及层创业教育的基础上开展的，主要以培养具有强烈创业意愿的大学生创业者为目标。提升层创业教育包括创业实践课程、创业基地实训以及创业社会实战三个部分。处于提升层的贵州高校大学生创业教育必须为具有创业能力和创业条件的大学生创造良好的条件，促使大学生创业者的培养。例如，积极引进SYB创业培训课程，使大学生培训课程具有规范性、授课方式具有新颖性、学生参与性强等优势，能够有效掌握大学生的创业知识和提升大学生的创业技能。政府和高校加强协作，借鉴"创业项目准入、全真过程管理、企业实体孵化、定期定量考核"四级联动的创业指导模式开展提升层的贵州高校大学生创业教育。首先，

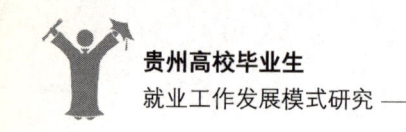

政府从政策支持的角度，扶持建立大学生创业园和大学生创业孵化基地。通过创建大学生创业园和大学生创业孵化基地的途径，为具有创业意愿强烈、创业条件具备、创业能力较高的大学生提供一个有效的创业平台；其次，高校提供创业团队入驻的服务工作。高校可以成立"大学生创业委员会"或者"大学生创业协会"，聘请校内外的专家为创业团队提供人员培训、创业项目评审、法律咨询、政策咨询、创业指导以及企业管理等方面的服务。同时，对入驻的创业团队指定详细明确的考评指标，定期进行考核，帮助创业团队不断成熟；最后，优秀创业成果的推介。高校必须对优秀的成熟的创业项目成果举行推介会，将这些创业项目成果推向相关企业，或者为大学生创业者融资，帮助他们实现自身的创业。

基于提升层的贵州高校大学生创业教育在课程设计上必须开设一些与创业相关的知识性和技能性课程，让大学生能够有效地参与到创业模拟活动过程之中，并且能够更好地获得丰富的直接创业经验。

## 5.6 贵州省情下的高校毕业生就业工作发展模式研究

### 5.6.1 贵州高校毕业生就业工作发展模式的内涵

要想对贵州省情下的高校毕业生就业工作发展模式的基本内涵有清晰的了解，必须先对模式、就业工作模式和高校毕业生就业工作发展模式的定义进行梳理。

模式即指将解决某类问题的方法总结归纳到理论高度，其实就是解决某一类问题的方法论。模式作为解决问题的一种良好指导，有助于完成任务和作出优良的设计方案，达到事半功倍的效果。[1]

就业工作模式是以开展就业工作的目标、内容、形式、方法为基础支撑的相对稳定的一套工作运行系统。就业工作模式有助于就业工作的开

---

[1] 刘行. 高校服务型学生工作模式的构建研究[D]. 湘潭大学，2010：13.

展,对有效解决就业工作问题、实现就业工作目标、完成就业工作任务具有重要的作用。理想的就业工作模式是围绕大学生"就业、成才"为中心,具有"整体协调、运作规范、组织严密、体系完善"的特征。

所谓高校毕业生就业工作发展模式,即为高校在特定的生活场景中,也就是在自己特有的历史、经济、文化等背景下所形成的毕业生就业工作发展方向,以及在体制、结构、思维和行为方式等方面的特点,是高校毕业生就业工作发展过程中对工作机制、工作体系、工作方法、工作措施及工作战略等的选择。

因此,贵州省情下的高校毕业生就业工作发展模式即为贵州省高校基于本地区自然、地理、政治和文化等方面历史、现状和发展规律所选择的不同于其他省区却又比较适合自己的独特的一种高校毕业生就业工作战略和发展模式。

由于省情是某地区自然、地理、政治、文化等方面历史、现状和发展规律的综合反映,是一个多要素相互联系、相互作用、不断发展变化的动态系统,因此,基于贵州省情的高校毕业生就业工作模式也必须随之发生相应的变化。需要高校就业工作人员不断总结高校毕业生就业工作经验、教训,持续完善和推进贵州高校毕业生就业工作模式,实现在新形势下能够有效指导贵州高校毕业生就业工作顺利开展的目标。

5.6.2 贵州高校毕业生就业工作发展模式的特征

基于贵州省情的高校毕业生就业工作发展模式是一个动态调整的模式,遵循了客观的演进规律,与其他就业工作模式相比,有以下主要特征:

第一,文化性。高校毕业生就业工作发展模式虽然有着各种各样的形式、模式和行为表现,但其内涵是文化的、精神的。高校毕业生就业工作模式化发展首先要有先进的工作理念,在先进工作理念指导下的特色创建才是真正的特色化,没有精神内核的特色是缺乏活力的,甚至是短命的。如"以人为本"的工作理念,"以人为本"的工作理念在高校毕业生就业工作中即体现为"以学生为本",促进大学生的全面、协调和可持续发展,

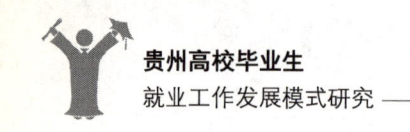

亦即促进大学生的个性化发展、全面发展和长远发展。因此，在该理念指导下的高校就业工作需注重尊重学生、研究学生、主动服务学生、关心学生、引导学生、发展学生；其次，高校毕业生就业工作模式化发展强调关注区域文化和学校文化，在学校传统和时代有机结合的基础上孕育出高校毕业生就业工作精神，在这种精神的引领下，高校毕业生就业工作的行为和形式才能充满活力，才会丰富多彩，高校毕业生就业工作模式才能持续科学发展。

第二，渐进发展性。高校毕业生就业工作发展模式是一个不断完善、与时俱进和追求卓越的渐进发展过程。一是体现为高校毕业生就业工作目标、工作方式、工作内容、工作重点等方面都是基于对原有的高校毕业生就业工作模式扬弃而随着外部环境的改变而逐渐变化和发展；二是高校毕业生就业工作发展模式是基于动态变化的省情、校情和学生情况而渐进变化，是一个做出适当调整的模式，并非固定不变的。如果就业工作模式没有发展，高校毕业生就业工作就会在初始阶段的低水平状态下徘徊，无法适应快速变化的社会需求。

第三，开放性。高校毕业生就业工作模式化发展是一个整体的推进过程，有在量的方面的显现，更有在质的方面所引起的变化。也就是说，高校毕业生就业工作模式化发展下的毕业生就业工作不仅无时无处不渗透于学校教育、教学、管理等各个领域，而且是学校所有管理者、教师、学生乃至家长共同追求的目标、理念和自觉行动。它体现为人员参与的广泛性、各领域之间的协调性和各层次、内容的一致性。在该模式的有效运行过程中要求多方主体的协调工作，充分利用诸如政府、高校、企业、社会组织、家庭甚至学生本人等相关主体的丰富资源和有利条件，实施开放式的就业指导、就业服务和就业管理等，促使高校毕业生的就业工作更好地贴近社会，关注就业市场的发展变化，让学生在社会实践中得到有效的学习、锻炼和发展，实现高校学生个性化发展以及个人兴趣和爱好、学习、职业规划、社会需求有效衔接的目标。

第四，融渗性。融渗性是指将四位一体的高校毕业生就业工作内容有效融入一系列的高校学生的培养和发展的活动之中。即将高校毕业生的就业管理、就业服务、就业咨询和就业教育以高校大学生感兴趣和乐于接受的工作指导方式体现出来，并且寓教于高校大学生学习和生活的各领域和环节，更好地实现学生的个性化发展和全面性发展。

第五，平实性。平实性即为注重将高校毕业生就业指导工作的目标、内容和方式等同经济社会发展、高等教育发展和高校大学生的发展实现有机统一。高校毕业生就业工作要求的表达借助于更加贴近高校大学生、贴近时代和贴近社会生活的语言与形式来实现。高校毕业生就业工作内容的展现借助于合乎高等教育规律的方式来达到。有效防止高校毕业生就业工作中提供形式主义的服务内容和采用形式主义的工作方式开展就业指导，实现切实提升高校大学生的就业能力和综合素质的目标。

第六，特色性。高校毕业生就业工作发展模式的演进以独特的区域特征、相异的高校资源和富有个性特征的高校学生为基础，不断地利用学校已有的条件与资源，勇于做出适当的动态调整，产生高校毕业生就业工作新文化、新策略、新方法和新环境等的过程。因此，基于特定省情的高校毕业生就业工作发展模式不但要求符合高校毕业生就业工作发展模式的普遍性规律，而且要挖掘高校毕业生就业工作中已有的传统，要结合时代特征和地方特色，对毕业生就业工作发展模式进行整合、加工。

第七，相对稳定性。高校毕业生就业工作模式长期地保持和发展，并经受得住时间的检验，具有较深的社会影响，而不是随心所欲、朝是夕非的短时间轰轰烈烈，它具有相对的稳定性。高校毕业生就业工作模式标志着高校毕业生就业工作个性的定型和相对成熟，其特有的工作理念、精神已经内化成开展高校毕业生就业工作所有相关人员共有的一种可以长期保持的认知方式、行为方式，以及情感、态度和价值观。

### 5.6.3 贵州高校毕业生就业工作发展模式的构建思路

贵州高校毕业生就业工作必须紧紧围绕"立足基本省情、服务高校学生、推动区域发展"选择符合贵州省情特点的贵州高校毕业生就业工作发展模式，努力实现三大目标：建立多元人才培养模式、促进高校学生全面

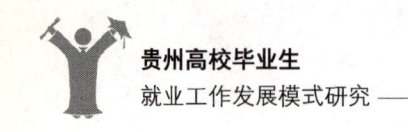

发展；推进高校毕业生就业工作开展、促进高校毕业生就业；提高高等教育发展水平、服务区域经济社会发展。

贵州高校毕业生就业工作发展模式的路径选择，既要考虑高校就业工作的普遍性、尊重高校毕业生就业工作发展模式的客观规律，更要考虑高校毕业生就业工作发展模式立足的特殊贵州省情、贵州高校毕业生就业工作所要实现的目标以及新形势下贵州高校毕业生就业工作发展模式的主要影响因素。具体而言，贵州高校毕业生就业工作发展模式的路径选择应该满足以下几个方面的条件：一是要充分立足于贵州省独特省情，建立以市场为导向的多元化人才培养模式，促进贵州省经济社会的发展；二是要有助于有效实现贵州高校毕业生就业工作的目标，促进贵州高校毕业生充分有效就业；三是要充分考虑贵州省内各区域的特征，促进贵州各区域的高校毕业生就业工作特色化的形成；四是全面参考贵州省各高校的实情，促进贵州省各高校的可持续发展；五是要遵循高校毕业生就业工作的客观规律，促进贵州高校毕业生就业工作模式的科学发展。

### 5.6.4 贵州高校毕业生就业工作发展模式的路径模型构建

基于贵州省情的贵州高校毕业生就业工作发展模式（图5-3）是对贵州区域特征、经济社会发展特征、文化特征、高校实情等因素进行仔细、全面考虑和分析，通过对贵州高校大学生提供就业教育、就业管理、就业服务、就业咨询等就业工作服务内容，促进贵州高校大学生的个性化发展、全面发展和长远发展，使贵州高校的人才培养符合贵州经济社会发展的需求。

该模型的建构基于以下条件和因素：第一，贵州高校毕业生就业工作发展模式的影响因素，如贵州省高等教育结构、贵州省高校学科专业特点、贵州省高校就业工作理念、贵州区域文化心理；第二，贵州的独特省情，如贵州经济发展现状与特征、贵州文化特征、贵州区域特征；第三，贵州省情下的大学生就业指导，如创新就业指导工作理念、就业指导教育内容和形式、转变大学生的就业观念、做好基层就业工作；第四，贵州省情下的大学生创业教育，如"双平台、双层次"的创业教育模式。

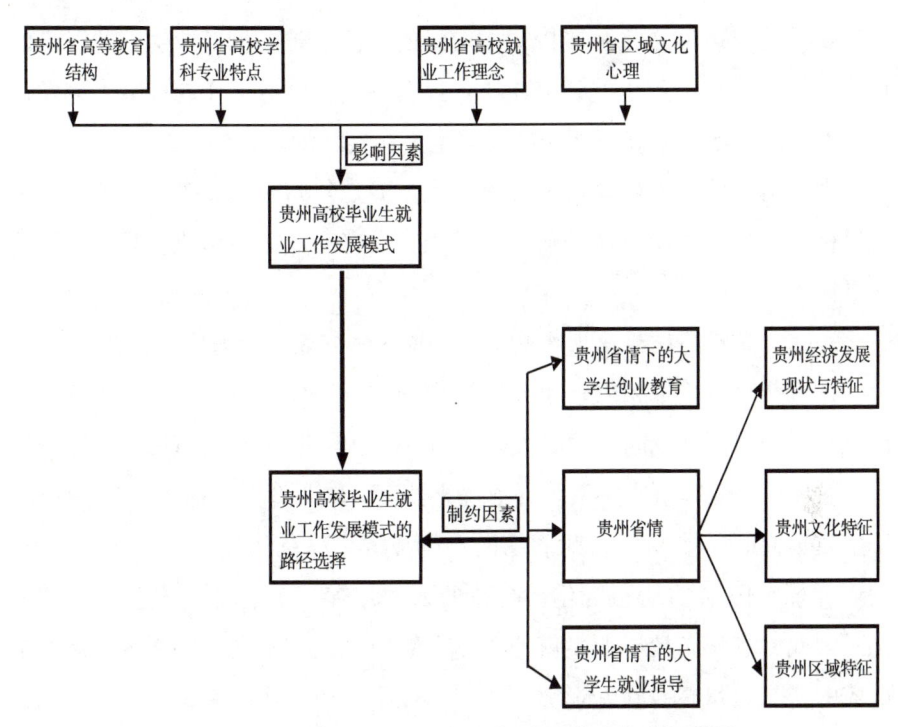

**图 5-3 贵州高校毕业生就业工作发展模式的路径模型**

因此，高校毕业生就业工作发展模式必须经过长期的实践探索。同时，高校毕业生就业工作模式化发展要追求的是卓越，而不是标新立异。高校毕业生就业工作发展模式的出发点和归宿是提高大学生综合素质和能力，追求育人绩效。只有把追求优质的育人绩效作为高校毕业生就业工作模式化发展的根本目的，高校毕业生才能被认可，学校才有市场，教育才有生命力。

可见，贵州高校毕业生就业工作模式化发展是一个动态的过程。它是从本省或者区域特定的实情以及高校自身的传统和条件出发，充分挖掘本校资源，找寻毕业生就业工作的优势突破口，形成高校毕业生就业工作特色点，再从特色点渗透扩展，最后发展为整体的、相对稳定的、相对成熟的、体现特色的、适合本区域和高校实际情况的毕业生就业工作模式。其次，高校毕业生就业工作模式化发展是一种自主内涵式的发展，是一个创造性的、充满文化渗透性的提高。在高校毕业生就业工作过程中，学校不能改变和选择本校自身的传统、内外环境，高校毕业生就业工作模式化

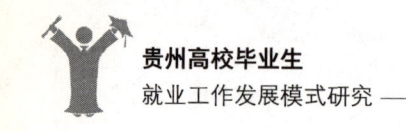

发展更强调对区域文化和本校文化内涵的关注，是高校毕业生就业工作的自主发展。那种期望通过制定并执行一套特色化就业工作的标准来刻意创造或发展高校毕业生就业工作的想法是不切实际的。

因此，高校毕业生就业工作模式化发展是各高校毕业生就业工作追求的目标。它是一个动态的变化发展过程，没有完成的终结点，只有不断追求更完美的目标。

5.6.5 贵州高校毕业生就业工作发展模式有效运行的保障机制

在贵州高校毕业生就业工作发展模型中，高校毕业生就业工作者和高校大学生处于一种双向互动的关系，即"就业教育、就业管理、就业服务、学生发展"的工作模式关系。其中就业教育、就业管理和就业服务是手段，学生发展是目标。由于贵州省情的各构成要素、高校实情、大学生心理、就业环境等因素的动态变化，高校的人才培养目标会随着发生相应的变化。因此，贵州高校毕业生就业工作发展模式是在不同条件和因素影响下形成的，是贵州高校在新形势下开展毕业生就业工作的有效工作形式。这种模式的客观条件和现实基础是其产生、存在的真正动因。

第一，贵州高校毕业生就业工作发展模式有效运行的体制结构。贵州高校毕业生就业工作发展模式的理念是"以人为本"，该理念具体表现为"以生为本"，促进大学生个性化发展、全面发展和长远发展。在该工作理念指导下的高校毕业生就业工作，不但要求相关毕业生就业工作者的职能发生转变，而且要求相关毕业生就业工作者组成一个系统性较强的高校毕业生就业工作模式的体制结构。在该体制结构中，需要一个领导者对各毕业生就业工作者所开展的工作进行统筹管理和协调，促进高校毕业生就业工作的有序、顺利开展。同时，各相关主体有明确的工作任务、工作目标和工作职责，能够进行良好的协调合作。

基于此，贵州高校毕业生就业工作发展模式的有效运行需要建立"学校领导、学校就业指导中心、学院相关部门、辅导员及教师"四级联动的体制结构（图5-4）。

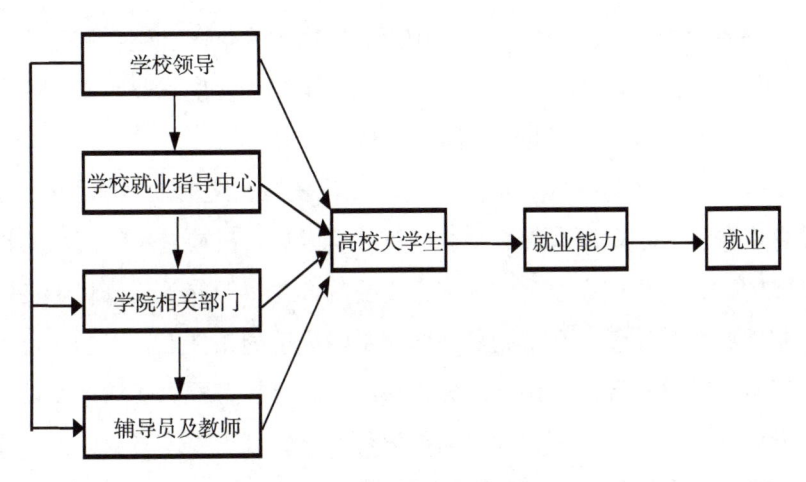

图 5-4　四级联动的体制结构

　　该四级联动的体制结构,"以学生为本",围绕促进高校大学生的个性化发展、全面发展和长远发展为核心目标,着力实施"一把手"工程,由学校党委书记和校长亲自抓高校毕业生的就业工作,并且成立以校长为组长的毕业生就业工作领导小组,制定当前及未来时期毕业生就业工作任务和目标以及学校领导联系学院毕业生的就业工作制度。学校就业指导中心负责统筹安排和实施学校具体性的毕业生就业工作。各学院都成立以主要领导为组长的毕业生就业工作领导小组,亲自主抓学院的毕业生就业工作。高校辅导员做好大学生的思想政治教育,关心他们的身心健康。高校教师在该模式体制结构中将就业指导和专业知识传授有机结合,激发大学生的职业兴趣。通过四级联动的体制结构,推行"领导主抓,部门统筹,学院为主,全员参与"的就业工作机制。坚持各相关主体的毕业生就业责任目标化、就业指导全程化、就业援助常态化、就业渠道多样化等多管齐下的工作思路。

　　第二,贵州高校毕业生就业工作发展模式有效运行的工作内容体系机制。基于贵州省情的贵州高校毕业生就业工作发展模式,为促进高校大学生的个性化发展、全面发展和长远发展提供广泛的服务内容。只要是为了促进贵州经济社会又好又快发展,围绕"以市场为导向"的多元化人才培

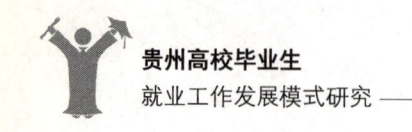

养,对高校大学生在整个学习过程中遇到的需要在学习、生活和就业方面给予指导和帮助的问题和困难,都可以视为高校毕业生就业工作的内容体系机制。主要有以下方面的内容体系机制:

一是"以市场为导向,促进学生个性化发展、全面发展和长远发展"的教育机制。人才资源对促进地区经济社会发展、民族繁荣、国家振兴具有重要的意义。高校大学生作为国家重要的人才资源储备,依赖于良好教育机制下的培养质量。在市场经济体制不断完善的条件下,市场在资源配置中起着越来越重要的作用。因此,稀缺的高等教育资源必须高度重视市场的导向作用,科学合理地设置高校学科专业,完善人才培养方式,促进高校大学生的个性化发展、全面发展和长远发展。

当前,贵州省进入"十二五"规划时期,国发2号文件为贵州省更好实施"工业强省,城镇化带动"战略赋予了良好的宏观政策支持环境,对促进贵州省的经济社会发展具有重要的意义。在未来时期,贵州省将围绕实施两大战略的重点领域进行发展:包括加强交通、水利、通信等基础设施领域建设;以加快能源工业、优势原材料工业、装备制造业、战略性新兴产业、现代农业等重点产业开发领域建设;加大城镇规划、城镇建设和城镇管理领域建设,加大生态建设、资源综合利用、发展环保产业和节能减排、污染防治领域建设。因此,贵州高校可科学设置与这些领域相关的学科专业,加大高等职业教育在以上领域的人才培养力度。建立"市场、招生、培养、就业"的联动机制,以市场为导向,结合大学生兴趣、爱好,正确处理好通识教育和专才教育的关系,促进贵州高校大学生的综合素质和就业能力的提高,为贵州经济社会发展输送大量的优秀人才。

二是"教育和管理相融合"的管理机制。树立"以人为本,服务至上"的就业管理理念,要以高校大学生的发展作为就业工作的出发点和落脚点,将高校毕业生就业工作的就业教育和就业管理相结合,在就业管理的过程中有效实现育人的目的。高校毕业生就业工作者在具体的就业管理过程中,要注重大学生的个性化发展、全面发展、长远发展和创新性发展,要全方位关注大学生的学习、生活和身心健康,要着力培养大学生的创新意识、学习能力和综合素质。

地处西部少数民族地区的贵州是我国欠发达、欠开发的省份之一，在全国整体发展水平上处于相对落后的地位。这使贵州高校毕业生的就业形势更加严峻，更具自身的特点。贵州高校存在一些特殊专业的学生、少数民族学生和贫困学生，这些学生的成才愿望强烈，就业期望值偏高，就业心理压力大，因此，贵州高校毕业生就业工作者必须在平时的就业管理工作中关注他们的身心健康，加强思想政治教育，指导他们形成合理的就业期望值。特别是高校辅导员和教师要通过积极的就业形势宣讲、热线咨询、个人辅导等方式，帮助他们正确面对竞争激烈的就业环境，理性择业。

三是科学合理的考评机制。建立一个什么样的考评机制对高校毕业生就业工作的开展具有明显的导向性功效。因此，建立一个科学合理的考评机制能够对贵州高校毕业生就业工作的有效开展起到良好的导向作用。目前，贵州高校毕业生就业工作存在重就业工作目标完成数量的考评而轻就业工作效益的考评、重就业率的考评而轻就业质量的考评、重结果考评而轻过程考评、重外部考评而轻自身考评等问题。基于贵州省情的高校毕业生就业工作发展模式是一个动态变化和渐进发展的模式，其高校毕业生就业工作的目标、任务、方式必须围绕以市场为导向的人才培养目标的变化而产生相应的变化，建立一个科学合理的考评机制对促进新形势下高校毕业生就业工作的开展将具有十分重要的意义。

当前，贵州高校的整体实力不强，高等教育资源不足，高校毕业生就业工作存在多方面的问题，高校毕业生的综合素质和能力还不能很好地服务于贵州经济社会的发展。在贵州省情下的高校毕业生就业工作发展模式中，高校就业工作者必须转变观念，以"以人为本"作为贵州高校毕业生就业工作的考评之本，促进高校大学生的个性化发展、全面发展和长远发展。以就业工作的开展是否有利于大学生的发展作为基准，加强对高校就业工作过程的考评，及时采取针对性的对策有效解决就业工作过程中存在的问题，正确调整就业工作的开展方向和工作措施。将上级领导的考评、

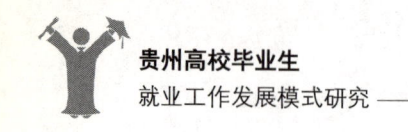

本部门的考评和自身的考评有机结合，强调自身考评的作用和意义，促使高校就业工作者及时弥补工作中的不足之处，逐渐构建一个科学合理的考评机制，真正起到"以评促改、以评促建"的作用。

四是有效的物质保障机制。构建一个良好的高校毕业生就业工作发展模式必须以历史和现实条件为基础，其有效运行必须有相关的保障条件和资源作支撑。贵州虽然在近几年的经济社会发展中取得了显著的成绩，但是由于作为地处西部少数民族地区的欠发达、欠开发的省份之一，在全国整体发展水平中处于相对落后的位置。这造成了贵州省高等教育发展的财政支撑力度不大，高校就业指导部门的经费投入不足，导致高校毕业生就业工作存在多方面的问题。基于贵州省情的高校毕业生就业工作发展模式的有效运行也必须有相关的保障条件和资源。因此，贵州高校毕业生就业工作要做好以下几个主要方面的内容。

首先，努力加强就业工作队伍建设。学校应积极推行职业准入制度，把具备相应资格证书从事就业工作专职人员纳入教师岗位管理。积极组织负责就业工作的教师外出学习和交流。鼓励和支持就业工作人员参加"全球职业规划师认证"的学习培训。选派负责就业工作的教师参加就业指导教材的课程教学演示培训等。通过学习、交流、竞赛、观摩等方式努力建设出素质高、业务精、能力强、有爱心、乐奉献的高校毕业生就业工作队伍。

其次，积极完善就业工作的硬件设施。贵州高校毕业生就业工作指导部门需克服经费投入不足的困难，加强对硬件设施完善的资金支持。努力推进对恰当面积的校内就业市场、独立多功能室、用人单位洽谈室、网络远程视频室、面试室、会议室、咨询室、办公室等建设和完善。

再次，快速推进毕业生就业工作信息平台建设。贵州高校毕业生就业工作部门应该积极应用信息聚合（RSS）技术等现代信息技术，将就业管理和服务通过网络技术进行集成，对毕业生就业所需要的信息资源进行开发和管理。不断提高就业服务管理的工作效率、决策质量、调控能力，改进大学生就业工作的组织结构、工作流程和工作方式。向毕业生、用人单位提供超越时间、空间限制的优质、高效、规范、透明的管理和服务。毕业生就业工作信息平台作为促进高校毕业生就业工作高效开展的一个新途径或新方式，随着其功能的不断完善，在高校就业工作中起着愈来愈重要的作用。各高校应重视就业工作信息平台的建设，并且不断完善和丰富平台的功能，同时积极嵌入"全国大学生就业信息服务一体化系统"，进一步提升高校毕业生就业工作信息平台的层次。

# 6 贵州高校毕业生就业工作模式展望

## 6.1 引言

贵州高校毕业生就业工作的发展路径有过去、现在，当然还会有未来。前面我们从影响因素和制约因素两个方面，循序渐进地探讨了符合贵州独特省情和高校实际校况的高校毕业生就业工作发展模式的路径。通过这个路径我们得到了一个动态的毕业生就业工作发展模式，看清了贵州高校毕业生就业工作的过去。在前文的基础上，还可以思考，通过这种发展模式会得到什么样的发展结果？这种发展结果和其他省份的发展结果有哪些差异？如何对这种发展模式得到的教育工作进行评估？贵州高校毕业生就业工作路在何方？将会发展成什么样？这些探索都是具有一定意义的。

本省或者区域特定的实情以及高校自身的传统和条件等因素决定了贵州高校毕业生就业工作发展模式，从上文的论证过程中，清晰地看到了该就业工作发展模式的"因"，下面希望能看清该就业工作发展模式的"果"。

具体是重视原因的世界观正确，还是重视结果的世界观正确，这都不是最关心的问题，我们最关心的是如何平衡这两种世界观。

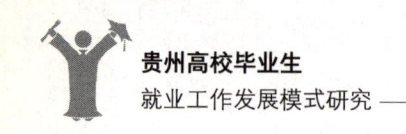

为了保证贵州高校毕业生就业工作能发展得卓有成效，必须了解高校毕业生就业工作模式产生的原因和基础，然而，德鲁克在其管理思想中提到："我们应该更多地注意结果。"所以，为了使我们对贵州高校毕业生就业工作做出的评估更科学、客观、合理，让评估结果系统化、层次化，对贵州高校毕业生就业工作的未来做一个有益探索也是很有必要的。

## 6.2 高校毕业生就业工作模式比较分析

通过对不同高校毕业生就业工作的对比分析可以了解到贵州高校毕业生就业工作的优势、劣势、机会和威胁。基于访谈结果，运用SWOT分析法作对比。通过这一系列的分析，可以看到贵州高校发展的一些未来方向。

SWOT分析，是一种分析组织或个人内部Strengths（优势）、Weaknesses（劣势）、Opportunities（机会）、Threats（挑战），然后加以综合评估与分析得出结论，制定未来发展战略的工具。其中，优势（Strengths）与劣势（Weaknesses）的分析主要着眼于内部自身实力以及与竞争对手的比较，而机会（Opportunities）与挑战（Threats）的分析将注意力放在外部环境的可能影响上。运用SWOT分析法对地方高校大学生就业问题进行分析，可以得出客观、理性的判断，为科学决策提供依据。[1]

### 6.2.1 贵州省与黑龙江省高校大学生就业比较的SWOT分析

（1）贵州省与黑龙江省高校大学生就业比较的优势分析

①从宏观经济上来看，贵州省与黑龙江省都有广阔的发展空间。相比于一线城市，两地区一般多集中了二、三线城市，如黑龙江省的哈尔滨市、大庆市和齐齐哈尔市，贵州省的贵阳市、安顺市和遵义市。随着近年来国家统筹发展战略的实施，这些地方陆续被纳入国家一体化进程规划

---

[1] 陈安民. 地方高校大学生就业的SWOT分析与对策［J］. 琼州学院学报，2009，16（3）.

中，发展势头强劲。"十二五"规划，明确指出要实施区域发展的总体战略，坚持把深入实施西部大开发、全面振兴东北老工业基地、大力促进中部地区崛起纳入总体发展规划中，给予特殊政策支持，促进了一大批二三线城市的崛起。这些城市经济发展水平提高，工作机会增多，生活条件得到改善，收入水平提高，对人才的吸引力显著增强，促进了高校大学生的就业。

②从生活成本上来看，贵州省与黑龙江省生活成本都比较低。一线城市居高不下的房价使许多求职者望而却步，尤其是像高校毕业生这样没有经济基础、缺乏工作经验的就业群体。除了住房之外，抚养子女、医疗、交通等方面的生活成本也很高，这些高昂的生活成本必然对高校毕业生造成巨大的思想压力。相比之下，贵州省与黑龙江省两地区的生活成本占工资收入的比例则要小得多。

③从个人角度上来看，贵州省与黑龙江省更能锻炼人，促进高校毕业生成长和成才。首先，艰苦的环境更能磨练意志，培养艰苦朴素、勤俭节约的品质；其次，两地工作覆盖面广、针对性强，大多是生产、生活的第一线，这里能更加真切地了解民生，开阔视野，积累经验；再次，目前贵州省与黑龙江省正处在大发展、快发展时期，正值用人之际，有理想、有才能、有文化、有抱负的高校毕业生充实到人才建设队伍中，更容易受到重视，大展才华。

（2）贵州省与黑龙江省高校大学生就业比较的劣势分析

①课程设置方面。虽然贵州省高校已提出了职业生涯教育的理念，但大多还停留在理论阶段，实际中的就业指导工作都只在学生大学三、四年级阶段才开展。这种就业指导通常存在一个观念前设：只有毕业生才有必要接受就业教育。但是现实的困境是：如果就业指导工作只是针对大学毕业阶段的学生，缺乏全程指导，就会使许多学生难以对自己的职业生涯及早规划，难以为将来的就业工作做好相关的知识、技能和心理准备，在毕业求职时必将处于被动地位。

同时，贵州省高校校内资源没有得到合理有效的利用。各校区、各学院的课程资源不能共享，比如自己感兴趣的专业的课程，学生不能方便有

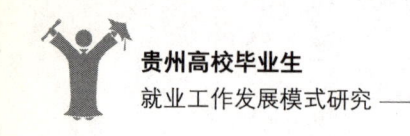

效地查找相应的教学授课地点,来进行课程学习,导致学生的素质不能得到全面的发展和提升,在就业时也就少了一分优势。

而相反在黑龙江省的高校课程设置中,职业规划课程和各年级、各专业课程都放在选课系统中,学生可以根据自己的需要和兴趣进行选课和相应的学习。即使因为年级、专业和学分的限制不能将课程选为自己的选修课,也可以查找到相应的上课时间、教室和授课教师。不仅方便了学生的学习,也提高了高校教学资源的利用率。

②就业指导人员方面。就业指导人员专业化、职业化程度不高。贵州省大多数高校的就业指导人员仍然以行政管理人员和辅导员兼职为主,而具备管理学、心理学、咨询学、教育学等相关学科背景的专职指导老师却很少,具有一定专业实践能力的老师就更是难得。

黑龙江省高校就业指导工作主要由辅导员和就业处的工作人员负责,而两者是通过参加招聘考试竞聘上岗的,这样工作人员的学科背景和专业实践能力就有所保障,能够更好地为高校学生服务。

③就业工作方面。

第一,关于招聘会。贵州省高校的招聘会举办的次数较少,规模较小;参加的企业数量有限且多是贵州当地的企业。招聘会趋于地域化,即工作地点主要集中在贵州省,减少了学生到省外城市工作的机会。

第二,关于就业工作。就业工作包括了提供职业信息、宣讲就业政策、教授求职技巧、组织招聘活动等传统工作,同时也要注意对学生职业价值观、职业能力的培养,但贵州省高校大多还停留在空洞的理论说教上,缺乏实践性的环节。

④就业机制方面。贵州省财力、编制有限,保障机制不健全,受地方经济发展水平制约,各地区普遍缺乏编制和资金,激励和保障等配套机制也不健全。

黑龙江省不断完善就业相关政策措施,强化就业工作的监管,促进就业专项资金专款专用,落实就业专项资金追踪反馈制度,强化资金使用的事中和事后评价,根据项目进度跟踪和进行问责机制。以上确保了就业工作全程机制服务，为高校学生的就业提供了制度保障。

⑤就业条件、生活环境方面。就业条件也是高校毕业生就业考虑的因素之一。贵州省的大多数城市一般属于欠发达地区，发展落后。办公用品配置率低、通信不畅、网络覆盖率低、信息闭塞、交通不便是目前贵州省就业环境普遍存在的问题。

生活环境方面，就读于贵州省的北方学生存在着环境适应上的问题，一些学生不适应贵州省的环境而不选择在贵州省可以就业的机会。如贵州省的高原的紫外线强烈，对健康会造成一定的影响；长期的阴雨天气、日久不见太阳而室内供暖条件有限。这对于学生就业来说是一个限制性因素。

（3）贵州省与黑龙江省高校大学生就业比较的机会分析

①教育部出台促进就业的相关政策。教育部促进就业的相关政策鼓励高校毕业生到基层、到中西部地区就业。鼓励高校毕业生应征入伍服义务兵役，政府将补偿学费，代偿助学贷款。强化对困难家庭高校毕业生的就业援助，积极聘用优秀高校毕业生参与国家和地方重大科研项目。教育部发布国家促进普通高校毕业生就业的政策公告，为引导、协调、促进毕业生就业提供了有力的保障。

②一线城市就业难。一线城市曾一度是高校毕业生就业的首选之地，但由于近几年房价上涨、生活成本增加、用人要求提高等原因，高校毕业生在一线城市的就业率明显回落。同时国家制定统筹发展规划，实行东、中、西部协调发展，更使许多高校毕业生退居二、三线城市或是基层地区就业。

（4）贵州与黑龙江高校大学生就业比较的挑战分析

①受地域限制，贵州省高校信息来源少，市场拓展难度大。贵州省高校的毕业生由于大部分都在中小城市，或者中西部地区，这就导致了高校毕业生获得的信息与重点大学毕业生有很大的差距，如一线城市每年都会有很多次的大型毕业生人才招聘会，而贵州省大部分城市几乎是没有招聘会的。

黑龙江省高校中有一所"985工程"高校——哈尔滨工业大学和三所

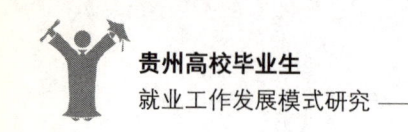

"211工程"大学：哈尔滨工程大学、东北农业大学和东北林业大学。其他高校的学生可以在校园招聘季参加不同学校的招聘会，这样就增加了学生的就业机会。高校毕业生在企业和工作地点的选择上也更加的多样化、更能满足自己的不同需求。

②贵州省高校对于就业工作的重视程度略显不足。首先，贵州省的部分高校对就业工作投入不够，对就业指导的效果考虑很少；其次，高校对就业市场开拓不够，每年定期召开2~3场声势浩大的毕业生现场招聘会，但经常是参会单位和学生的实际需求差距很大，效果甚微。

6.2.2 贵州省与重庆市高校大学生就业比较的SWOT分析

（1）贵州省与重庆市高校大学生就业比较的优势分析

①从国家发展战略上看，贵州省与重庆市都有巨大发展潜力。对于地处西部的贵州省和重庆市，在国家明确指出要实施区域发展的总体战略的政策笼罩下，迎来了教育和就业发展的大好时期，深入实施西部大开发战略，促进了西部地区城市的崛起，尤其是城市经济发展水平提高，人才需求量提升。为促进高校大学生就业，国家积极拓展就业渠道，开拓就业市场，出台优惠政策。

重庆市在拓展就业渠道方面，规定各类企业新招用登记失业的高校毕业生、签订1年以上劳动合同并缴纳社会保险费的，可享受不超过3年的社会保险补贴，招用登记失业高校毕业生等人员达到80人以上的，可享受就业重点企业贷款贴息政策；鼓励高校和科研项目单位提供见习岗位，聘用高校毕业生从事助教、助管、助研等工作，聘用期满，根据工作需要续聘或到其他岗位就业的，就业后工龄与项目研究期间的工作时间合并计算，社会保险缴费年限连续计算；将登记求职1年以上、困难家庭和城镇零就业家庭的高校毕业生确定为就业困难高校毕业生，纳入就业援助帮扶范围，实施一对一的职业指导，建立一对一的帮扶机制，优先向用人单位推荐就业困难高校毕业生，大力开发公益性岗位，对就业困难高校毕业生实行托底安置；鼓励和支持国有大中型企业特别是创新型企业吸纳和储备高校毕业生就业等。

## 6 贵州高校毕业生就业工作模式展望

贵州省以贵阳市为例，为高校毕业生提供创业资金扶持，由市财政筹集500万元，设立贵阳市高校毕业生自主创业资金。凡符合贵阳市产业发展方向且具备发展潜力的项目，可申请资助周期为2年、最高额度为20万元的免息资金扶持；对参加"选聘高校毕业生到村任职""三支一扶""大学生志愿服务西部计划""农村义务教育阶段学校教师特设岗位计划"等项目的，给予生活补贴，按规定参加社会保险等。

②从地区优势上看，贵州省与重庆市相较于东部城市就业压力较小。由于地理位置和区域限制，与北京市、上海市、广州市等东部一线城市相比，贵州省与重庆市的高校毕业生的就业竞争压力明显小于这些城市。调查表明，重庆市以西南大学为例，贵州省以贵州大学为例，高校近六成毕业生工作流向为重庆市或贵州省周边。所以，在一定程度上，两地区的高校实际上多数为西南片区输送了更多的人才。少数毕业生离开西南，选择到东部沿海城市就业，但由于西部高校与东部高校之间的就业程度、就业质量和就业满意度的差距，实际上也为他们平添了更大的就业压力。

③从就业观念上看，贵州省与重庆市高校毕业生拥有全新的就业视角。2013年全国高校毕业生达到创纪录的699万人，被称为史上最难就业年。贵州省与重庆市高校毕业生的就业观念从"天之骄子，国之栋梁"的挑剔观，渐渐转变为"给我一个机会，我可以从基层做起"的保守观。从另一个角度来讲，这是一种良好的发展态势，使得高校毕业生愿意服从国家及政府组织的安排，到基层艰苦的地区去锻炼，扎实苦干。同时，这样一种观念的存在，也使得部分艰苦的基层工作岗位和高薪体面的岗位趋于平衡。

④从气候条件上看，贵州省较之重庆市具有独有优势。贵州省位于副热带东亚大陆的季风区内，气候类型属于中国亚热带高原季风湿润气候，处于费德尔环流圈，常年受西风带控制，尤其是省会贵阳市，著有"避暑之都""爽爽贵阳"的美誉。而重庆市位于长江流域的河谷盆地，四周山地环抱，中间是不大的平原，地势相当闭塞，成为长江流域的"三大火炉"

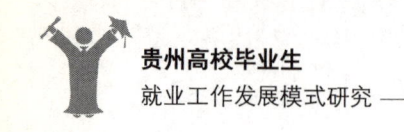

之一。气候条件是高校毕业生就业选择的外部客观考量的重要因素之一。所以，贵州省得天独厚的自然条件和人文风光，也形成了高校毕业生的就业新导向。

⑤从城市发展上看，贵州省与重庆市毕业生拥有很大的就业平台。贵安新区位于贵州省贵阳市和安顺市结合区域，范围涉及贵阳和安顺两市所辖4县（市、区）20个乡镇，规划控制面积1795平方千米。规划定位为中国内陆开放型经济示范区、中国西部重要的经济增长极和生态文明示范区，为西部大开发的五大新区之一，中国第八个国家级新区。贵州省贵安新区的建设无疑给贵州省增添了数量极多的就业岗位，在今后的发展过程中，很大程度地缓解了贵州省高校毕业生的就业压力。贵阳市的轨道交通建设也日渐进入了人们的视野，在便利老百姓生活、学习的同时，也增加了很多就业机会。

重庆市作为一个直辖市，有其独特的文化。结合重庆市地域经济水平和重庆市自身发展现状，"十二五"期间，重庆大力打造"一核两带多节点"的文化产业总体布局："一核"即以主城九区为中心的都市文化核心区；"两带"是指长江三峡文化旅游产业带和渝东南—渝西特色文化产业带；"多节点"是指依托各区县特色文化资源，综合考虑各地的交通区位条件、经济社会发展基础及文化产业发展潜力等因素，形成若干特色文化产业"节点"。城市经济的良好发展态势，无疑使得高校毕业生的工作选择多元化。

（2）贵州省与重庆市高校大学生就业比较的劣势分析

①下属重点院校的差距，及在西南片区乃至全国范围的影响力。重庆市拥有重庆大学即国家首批"211工程"和"985工程"重点建设的高水平大学，还有西南大学即"211工程"和"985工程优势学科创新平台"重点建设高校，这两所重点高校，尤其是重庆大学以理工类专业为主的高校毕业生具有良好的就业前景。重庆大学的就业报告显示，该校机电、能源、材料、信息、经管、建筑、土木、环保等优势学科的毕业生供不应求。而贵州省仅贵州大学一所高校为"211工程"全国重点建设综合性大学，相较于重庆市两所高校的毕业生就业率，确实有一定差距。作为直辖市，重庆

市高校得到了国家的大力扶持和财政的投入,因此相对于贵州省,重庆市在就业工作上的投入较高。重庆市高校大学生自身的能力与专业特长优于贵州省高校大学生。由于重庆市高校在西南地区的影响力比贵州省高校强,所以,重庆市高校大学生在西南地区就业比贵州省大学生容易。

②自卑畏怯、盲目从众、患得患失心理的存在。高校毕业生的择业心态很大程度上影响着其最终的就业结果。如果高校毕业生因认为学习成绩优秀、政治条件好、学校"牌子亮"、专业需求旺、求职门路广,而盲目自信,择业胃口吊得很高,到头来往往会由于对自己估计过高、对自己的不足和困难估计不足而在择业中受挫;然而,面对激烈的竞争,如果觉得自己这也不行,那也不如别人,自卑心理使得自己缺乏竞争勇气,缺乏自信心,走进就业市场就心里发怵,参加招聘面试就心里忐忑不安,一旦中途受到挫折,更缺乏心理上的承受能力,总觉得自己确实不行,也是不可取的择业心态;另外,有些毕业生在择业时过分看重别人去了哪里,过分看重实惠,一心只想前往沿海发达地区,到挣钱多、待遇好的单位。这些不良择业心理的存在,是贵州省高校毕业生的一个巨大就业困境。

③毕业生就业指导、服务体系方面。调查显示,目前贵州省高校就业指导工作均限于毕业前的教育,内容仅限于就业形势、就业政策及就业技巧,形式单一、方法简单,缺乏从大学一年级到大学四年级对大学生全过程的指导、教育和统筹规划,且专业化、职业化的指导队伍尚未建立。上述现状使许多学生难以对自己的职业生涯进行及早规划,难以为将来的就业工作做好相关的知识、技能准备和心理准备,在毕业求职时将处于被动地位。

④毕业生就业无形市场发展方面。目前,贵州省高校毕业生就业无形市场的信息量小、互通性差、运行不规范、法律监控机制不健全,导致其作用不突出。就业信息网的互联互通性差,表现在校际之间的横向联合没有形成,教育部、贵州省和贵州高校三个层面之间的纵向贯通也没有形成相互联系、相互沟通、互为补充的市场网络体系,加之运行不规范、法律监控机制不健全,导致其辐射面窄、受益面小、功能单一、作用不突出。

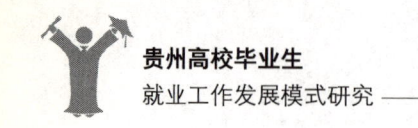

网上招聘和远程面试尚未实现，真正意义上的网上招聘和远程面试还较遥远。

⑤毕业生就业结构方面。贵州省高校毕业生的学历层次的结构性矛盾和学科专业的结构性矛盾比较突出。某些应用性较广的工科专业毕业生就业情况与文科专业毕业生就业情况差距较大。

（3）贵州省与重庆市高校大学生就业比较的机会分析

①相关部门出台促进就业的相关政策。国家相关政策的出台，是改善贵州省高校毕业生就业情况的巨大支柱。例如，2013年贵州省出台的《关于促进高等学校毕业生就业的意见》（以下简称《意见》）在开发基层岗位、鼓励自主创业等方面制定了一系列政策，大力促进高校毕业生就业创业。《意见》鼓励高校毕业生到基层就业，建立长效机制；大力开发乡镇（街道）、村（社区）社会管理、医疗卫生、教育文化、农业服务、城镇建设等领域服务岗位，促进高校毕业生到基层就业。《意见》规定，中小微企业和民营经济组织每年吸纳高校毕业生20人以上并与其签订1年以上劳动合同并缴纳社会保险费的，对其发展项目，各地、各部门在安排专项资金时，以贴息为主、补助为辅的方式优先予以支持；中小微企业和民营经济组织，吸纳应届高校毕业生就业并与其签订1年以上劳动合同和缴纳社会保险费的，高校毕业生由用人单位及个人缴纳的第一年社会保险费用，由同级财政安排专项资金补助。《意见》鼓励高校毕业生自主创业：高校毕业生申办企业不受出资额限制，注册资金实行分期到位的原则；适当放宽对高校毕业生创业经营场所的限制，允许将家庭住所、租借房、临时商业用房作为创业经营场所；高校毕业生创业并带动就业，连续正常经营1年以上，给予5000元的一次性创业补贴。《意见》还在高校毕业生参加就业技能及创业培训、职业技能鉴定和建立高校毕业生就业失业预警监测制度等方面，作出了明确规定。这些有利的就业政策为引导、协调、促进毕业生就业提供了有力的保障。

②城市发展建设步伐快。贵阳市作为贵州省的省会城市，聚集了贵州省内各所重点高校，是多数本省毕业生或外省就读贵州省高校的毕业生的

首选就业地。贵阳市是西部地区重要的交通枢纽、工业基地及商贸旅游服务中心，拥有国家级新区——贵安新区，新区规划定位为中国内陆开放型经济示范区、中国西部重要的经济增长极和生态文明示范区。相较于东部城市近几年的房价上涨、生活成本和用人成本的提高，贵州省具有明显的优势，使得贵州省特别是贵阳市高校毕业生在一线城市的就业率偏低。

（4）贵州省与重庆市高校大学生就业比较的挑战分析

①受地域限制，贵州省高校就业信息较为闭塞。贵州省高校的毕业生由于所在的地理位置大部分处于中小城市，或者中西部地区，导致了高校毕业生获得的信息与重点大学毕业生有很大的差距。已具雏形的就业无形市场，由于用人单位受传统招聘方式的影响和现代化手段不完备等相关条件的制约，目前的信息量十分有限，70%以上的毕业生仍靠学校获取就业信息。在招聘会的举办设置上，大城市每年都会有很多次的大型毕业生人才招聘会，而大部分地方城市几乎是没有招聘会。即便是有招聘会，一般的用人单位招聘的大多数是在一线技术岗位工作的高职高专或中专生，这使得地方高校本科生就业受到很大限制，处于较为尴尬的境地。

②贵州省高校对于就业长效机制的改善。实际上，建立宏观调控体系，健全就业运行机制是一项巨大的工程，构建一个更加完善的、符合"全程化、全员化、专业化、信息化"四化标准的毕业生就业服务体系，从根本上引导毕业生进一步改变错误的就业观念，这需要政府、高校、高校毕业生等多方参与，对于发展中的贵州省和贵州省高校来说，需要更加坚定的信念和更加坚实的步伐。

6.2.3 贵州省与广东省高校大学生就业工作比较的SWOT分析

（1）贵州省与广东省高校大学生就业比较的优势分析

①从发展潜力上来看，贵州省作为西部大开发省份，还具有极大的上升空间。相较于广东省，贵州省的发展相对较晚，工业化进程也相对滞后，有利于形成后发优势，发展潜力巨大。贵州省拥有丰富的自然资源，是江南最大的煤炭输出基地，也是"西电东送"工程的重要省份，此外还有一大批磷矿、铝矿等基地。国发2号文件着力发展贵州省资源深加工产

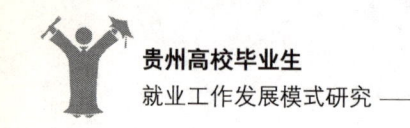

业，加强贵州省矿产资源勘查开发，因此将会有更多的资源型企业在贵州省兴起，在带动贵州省社会经济发展的同时也将会为贵州省高校大学毕业生带来更多的就业机会，能很好地促进高校大学生的就业。

②从自然环境上看，贵州省具有优越的生态环境，宜居宜商，吸引投资。贵州省在发展工业经济的同时也高度重视生态环境的维护和改善，作为全国的"森林城市""避暑之都"，贵州省 PM2.5 平均值都在 50 以下，相比于经济发展早、水平高的广东省，生态环境是贵州省今后发展的一大优势。现在人们都很愿意到一个环境优美，适宜人居的地方生活和发展，这有利于贵州省吸引外来资本，增加消费。因此，贵州省高校大学毕业生就业的机会就会大大增加，有利于缓解就业压力。

③从旅游资源上看，贵州省拥有更多、更优质的旅游资源。良好的自然环境使得贵州省的旅游资源更丰富、更好。最美洞穴织金洞、气势磅礴的黄果树大瀑布、中国茶海旅游等，还有以遵义会址为代表的贵州的红色旅游；此外，贵州省是一个少数民族聚居省份，拥有丰富的少数民族文化，西江苗寨是其中的典型。这些旅游资源吸引了大量的游客，带动了消费，提升经济的同时，衍生了众多的服务企业，也为贵州高校毕业生带来了更多的就业机遇，还为大学生创业提供了良好的条件。

（2）贵州省与广东省高校大学生就业比较的劣势分析

①教育经费的投入方面。虽然贵州省拥有丰富的矿产资源、旅游资源、生态资源，具有后发优势，但现阶段经济的发展水平还很低，政府财政能力较弱，而贵州高校的教育经费主要来源于地方政府，所以办学的经费投入显得不足。高校在引进高素质教师、完善教学设备、提高办学层次等方面受到极大限制；在培养大学生可雇佣性技能方面也显得有心无力、捉襟见肘。而大学生的可雇佣性技能作为获得最初就业、维持就业和必要时获取新的就业所需要的能力，是关乎大学生就业的核心内容。如不能加强大学生的可雇佣性技能的培训，将在很大程度上降低了他们的就业能力，也不能适应用人单位对于大学毕业生的要求。

广东省是我国的东部发达城市，经济发展水平高，政府财力雄厚，享受国家经费支持的高校也更多，这能够为高校大学生的教育提供坚实的基础，所培养出来的大学生更能够适应经济社会的发展，就业能力更强。

②高校实力和办学方面。贵州省由于受到历史和经济发展水平的限制，省内高校的办学历史较短，学科建立较晚，还未能形成自身的特色，在办学实力上较弱，目前贵州省只有一所国家"211工程"重点建设大学——贵州大学。高校办学的辐射面较窄，主要是为本省经济发展服务，大学生就业领域和自信心受到极大限制，就业时只能局限于贵州省内的用人单位，然而省内的容纳性又是有限的；到经济发达地区就业，很难得到应有的认可，就业的人数和就业率也很低。

在广东省拥有国家"985工程"高校两所——中山大学和华南理工大学，三所"211"工程重点建设大学——暨南大学、华南师范大学和汕头大学，并且在办学历史、办学规模、办学实力、办学特色、学科设置、专业建设上都处于全国领先水平，办学辐射面广——面向全国，这使得广东省高校大学毕业生在就业时选择面就更加宽阔。

③高校毕业生就业方面。目前，贵州省高校毕业生在就业渠道方面比较窄，主要是老师介绍、校园招聘会为主，并且校园招聘会的持续时间不长、规模不大，到学校招聘的大多是省内的民营企业，知名的企业数量很少，即使有，所招聘的职位也很低端。举个例子，重庆万科房地产开发有限公司就未曾在贵州高校办过校园招聘会，只有少许的实习生岗位，万科贵州公司的员工都是从省外的知名高校招聘。这些都大大压缩了贵州省高校大学生的就业领域，到省外就业得不到认可，面对高端职位望而却步，自信心大打折扣。

④高校毕业生就业指导工作方面。贵州省大多数高校的就业指导人员主要还是以行政人员和辅导员为主，在毕业生就业指导方面的专业化、专家化、职业化程度不高。学校对于大学生的职业生涯规划教育也还有所欠缺，使得很多大学生毕业时还不明确自己的职业目标。

广东省大多数高校都组建了一支由教师、学校干部、校友、企业家、社会专门机构人员组成的具备管理学、心理学、咨询学、教育学等相关学

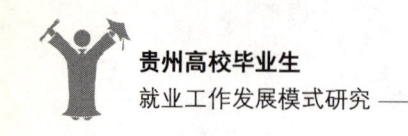

科背景的就业指导队伍，能为毕业生的就业提供更加切实可行的建议，就业更加有保障。此外，广东省高校还对在校大学生进行相关的职业测评与心理辅导，职业生涯规划教育工作落到实处。

⑤人才培养模式方面。当下，贵州省的绝大部分高校在人才的培养模式方面，思想依然比较固化，仍然以传统的课堂理论教学为主，专业实践课程设置偏少，即使有，很多也是流于形式，这样学生的实践能力无法得到很好的锻炼，易犯闭门造车的错误，培养出来的毕业生与社会需求严重脱节，进入工作岗位后很难较快地融入社会。

在广东省的高校中，进行学科教学体系建设和专业课程设置，是由学生、学校、用人单位共同来完成，因此，在人才培养时就具有很强的针对性，按照雇主的用人要求来培养。同时，还进行了高校大学生就业实践基地的建设，校企结合，企业为大学生提供了很多假期实习的机会，使之可以更早地适应社会，学习工作经验，就业能力得到了切实有效的提升。

（3）贵州省与广东省高校大学生就业比较的机会分析

①利用后发优势，抓住国家政策支持的契机。当前，贵州省应当充分利用自身的资源、环境、文化优势，努力发展，促进本省经济社会的最大化发展，实现后发赶超，为贵州省高校毕业生带来更多的就业机会。紧抓国家西部大开发政策、国发2号文件的契机，实现多渠道、高效率就业。如根据贵州省自身实际制定的相关大学生就业政策——大学生创业政策、西部志愿者计划、特岗教师计划、一村一名大学生工程、三支一扶计划等，都大大增加了就业机会。

②西部高校实现跨越式发展，为提升贵州省高校办学实力带来了机遇。随着省内高校合并办学，贵州省高校的实力得到了很大程度上的提升，贵州大学纳入了国家"211工程"，使得学校的教育经费更加充足。随着花溪大学城的建立，各个高校之间相互合作加深，更多地进行人才培养的经验交流，教学资源和信息共享。这使得贵州省高校的毕业生开始慢慢地被社会所认可，就业机会也在不断增多。

**6** 贵州高校毕业生就业工作模式展望

（4）贵州省与广东省高校大学毕业生就业比较的挑战分析

①高校教育由"精英化"转向"平民化"，毕业生人数不断增加，就业形势严峻。截至2013年，全国高校毕业生接近700万，贵州省高校毕业生将近10万，加之还有许多暂缓就业的毕业生存在，在当前社会对于大学生需求量趋稳的情况下，出现了"僧多粥少"的情况，使得当前贵州省高校毕业生的就业形势不容乐观。近年来，毕业生选择就业的城市和地域发生很大的变化：北京市、上海市、广东省等一线发达城市的毕业生向贵州省等二、三线城市流动，中东部地区的毕业生向西部流动。很明显，贵州省的高校毕业生在就业市场上将会面临更加严酷的竞争。

②受限于地理条件和经济发展水平，贵州省高校获取一手就业信息的速度较慢。贵州省地处我国西部的云贵高原地区，信息化水平很难企及东部发达省份，省内高校毕业生在获取就业信息时比较滞后，错失很多良好的就业机会。同时，在大学生培养方面无法第一时间根据社会对于人才的新要求做出相应调整，在提升高校毕业生就业品质方面处于劣势。

③学科设置和建设有待优化。贵州省高校在学科的设置方面，主要还是以理工科为主，文科建设比较薄弱，而在就业时企业用人主要以技术性毕业生为主。企业对人文社科专业的毕业生要求更加苛刻，学校的教育又未能很好地开发学生的实践和应用能力，使之就业时无法满足企业的用人标准。

6.2.4 基于SWOT分析的促进贵州省高校毕业生就业的途径

（1）S-O（Strengths-Opportunities）战略：充分利用自身优势，抓住发展机遇

发挥贵州省的资源、旅游、环境、少数民族文化优势，大力发展资源型企业、服务性企业，在经济提速的同时，最大、最有效地发掘就业岗位和创业机会，促进大学生就业率的提高；抓住国家支持西部高校跨越式发展的机会，扩大办学规模，提升办学层次，多在提升大学生可雇佣性技能的工作上下功夫，培育符合社会需求的优秀毕业生。

（2）S-T（Strengths-Threats）战略：利用优势将不利因素的影响降至

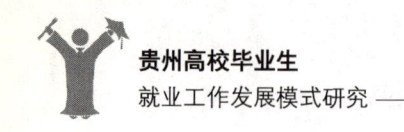

最低，以积极的心态面对来自外部的挑战

贵州省高校在教育大学生时，要结合本省实际，"立足贵州、服务贵州"，在为本省经济发展培养合格人才的同时，积极主动地加强与发达地区高校的交流与合作，结合贵州省的社会发展现状，提高毕业生实践能力、创新能力、综合素质，实现大学生培养的多样化、多层次化、综合化，提高贵州省高校毕业生在就业时的认可度。

（3）W-O（Weaknesses-Opportunites）战略：充分利用国家对于贵州省的经济和政策扶持，克服自身短板

近年来，国家对于贵州省教育的发展更加重视，教育经费投入逐渐增加，作为贵州省高校，应当积极利用这些政策机会，实现高校教育资源的充分利用，及时获取市场就业信息，建立专门针对大学生的就业网站，加强对于大学生职业生涯规划的教育和指导，组建一支专业化、专家化、职业化程度较高的就业指导队伍，积极开展校企联合培养，建立就业实践基地，采取对口培养的方式，迎合贵州省经济社会发展对高校毕业生的新要求。

（4）W-T（Weaknesses-Threats）战略：弥补自身缺陷，积极应对挑战

贵州省高校应该重视毕业生心态的辅导，以积极的心态应对当前就业形势严峻的挑战，加强高校信息网络建设，提高及时获取就业信息的能力，根据市场要求迅速作出调整，跟上经济社会发展的步伐，积极进行学科结构的调整，不断更新人才培养方案。

### 6.2.5 小结

利用SWOT分析，使我们对贵州省高校毕业生就业工作的未来有了更清晰的认识。我们可以正视自己的优势与劣势，提早规划贵州省高校毕业生就业工作的发展方向，充分利用学校资源，冷静面对社会大环境的变革，不作无谓的抱怨，以积极的心态面对群众的质疑与社会的监督，寻求发展决策的最优化；同时，建议政府要在创新人才培养开发、评价发现、选拔任用、流动配置、激励保障机制上下工夫，构建充满活力的人才体制机制；对于教育系统来说，要克服平均主义倾向，鼓励优秀人才、创新人才脱颖而出，多给青年人才机会，多"搭梯子"，多"压担子"，让高校

人才到一线去锻炼，在实践中长才干。只有政府、教育系统、高校齐心协力，贵州省高校毕业生的就业工作才能够更上一层楼。

## 6.3 关于完善贵州高校就业工作模式的 AHP 分析

### 6.3.1 AHP 分析的背景及意义

本节从独特的视角出发，通过 AHP 分析，构建贵州高校就业工作模式评估模型，最终达到为如何完善贵州高校就业工作模式指出方向的目的。

当前，国际金融危机"阴魂不散"，国内教育问题、就业问题层出不穷，各种关于教育与就业的困惑纵横交错。在教育改革的新时期，面对群众的质疑、舆论的监督、政府的引导，不得不对如何促使贵州省高校就业工作不断完善作新的思考。

本节希望运用平衡的观点、系统的思维从四个维度（育人与改革，指导与服务，机制与保障，特色与创新）出发对如何促进贵州省高校就业工作进行新的思考，最后提出一种新的研究方法。

### 6.3.2 就业工作分析

不妨将高校看做一种特殊的"专门生产高级人才的企业"。研究高校就业工作，运用传统的实证研究未必总是最有效的方法，因此，有必要对新的思考方式、研究方法做一个有益的探索。

如果沿着我们提出的这个视角进一步思考，那么高校就和其他企业一样，是处于一条产业链中的。在这条培养人才的产业链上，高校处在一个非常重要的环节。最终产出的人才能否很好地就业，很大程度上受到高校就业工作的影响，但是不完全由高校决定。因为，就高校而言，对此有可控因素、不可控因素，内部因素、外部因素的存在，所以，处在这条产业链上的高校最重要的工作是一丝不苟地把主要的、实际的、本质的可控因素及内部因素把握住。

通过实践总结，将内、外部可控因素归纳为以下四个维度（W、X、Y、Z），并对各维度及其关键点进行解释。

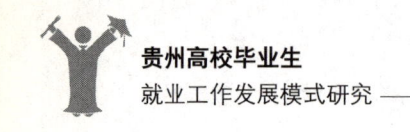

（1）W育人与改革

百年传承，育人为本。贵州省高校当以贵州省建设发展为己任，紧跟时代前进步伐，打造能吃苦、能适应、能创造、能奉献的"四能"人才，为国家特别是贵州省经济社会发展提供强有力的人才支持和智力支撑。

①（W1）推进教育改革，提高教学质量。明确办学定位，确立培养目标。学校主动适应国家和贵州省经济社会发展需要，先后制定了各种计划，明确办学定位，努力把贵州省高校建设成为具有区域特色、在国内外有一定影响、服务地方发展的高水平大学，同时确立人才培养目标，努力改善办学条件，办学指标明显提高，人才队伍整体提升，使得学科专业设置和建设水平更加适应区域发展，进而人才培养更加适应产业结构需求和经济社会发展及人的全面发展需要。

改革培养模式，落实培养方案。进一步完善学分制。适时调整、修订和落实培养方案，制定各专业人才培养标准，构建"平台+模块"课程体系，加强通识教育，探索拔尖人才培养模式。根据教育部2013年本科专业目录，完成本科专业的调整工作。更重要的是与高水平大学联合培养本科生，探索多元化人才培养模式。最重要的是教学质量监控实现常态化，探索内部质量保障新模式。

强化实践教学，加强实验实训。制定一系列的实践教学的实施意见，启动教学模式的改革。将每学期18周的课堂教学压缩为16周，腾出2周安排集中实践性教学环节，引导学生自主学习，鼓励学生参加各类创新活动。同时，加强实验教学示范中心建设，与科研院所、行业、企业、社会有关部门合作共建校外实践教育基地，建立大学生科技创新实践平台和大学生创业训练平台，培养学生的社会责任感、实践创新精神和就业创业能力。

②（W2）优化学科结构，加强专业建设。学校主动服务贵州省工业化、城镇化和农业现代化"三化"同步战略，按照"调整结构、提升内涵、突出优势、强化特色"的总体思路，加强重点学科建设，强力推进"贵州

高校文科振兴计划",重点建设一批高水平学科专业,进一步做强优势学科,发展壮大一批与地方经济建设和社会发展紧密联系的学科,扶持和巩固基础学科,不断增强核心竞争力,为贵州省"加速发展、加快转型、推动跨越"提供学科专业人才支持。

坚持把毕业生就业率作为学科专业调整的重要依据。招生与就业硬性挂钩,对就业率较低专业调减招生计划或隔年招生。校领导带队定期到州市及省内外企业的调研,以及回访毕业生了解到的就业和社会需求情况等,作为课程设置和学科专业结构调整的依据。定向为各企事业单位培养高层次人才;新增城市管理、民族药学、酿造工程、射电天文等一批与贵州省十大产业密切相关的新专业或专业方向。

③(W3)专注人才培养,教改成效明显。学校以人才培养为核心,以就业和社会需求为导向,始终坚持教学中心地位不动摇,坚持基本理论和基本能力培养不动摇,坚持教科结合促进创新精神和实践能力训练不动摇,坚持关爱学生身心健康不动摇,坚持就业工作"一把手工程"不动摇,全面推进教育教学和人才培养模式改革,努力提高教育教学质量,特色显著,成效突出。同时,学校应该定期开展毕业生及用人单位调查。

(2)X 指导与服务

就业是民生工程,涉及千家万户,事关社会稳定和学校发展,是对学校办学质量的最后检验。学校把毕业生就业工作放在首位,将毕业生就业工作"全程化、全员化、信息化、专业化"落到实处,全力做好指导和服务工作,确保毕业生能就业、就好业。

①(X1)加强课程建设,就业全程指导。学校将《大学生职业生涯规划》与《大学生就业指导》两门课程纳入人才培养方案,规定相应的学时和学分。在通识课程中可开设《现代礼仪》《创业指导》《商务谈判》等个性化就业创业指导课程。学校组建大学生职业发展与就业指导创新创业教研室,配备专兼职教师,采用统一教材、教学大纲、课件,接受教学督导团的检查和评估。

在课堂教学的基础上,为大学生举办就业创业指导讲座和一对一的

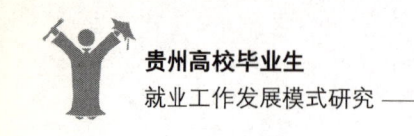

大学生职业咨询与就业辅导，有效解决学生职业发展、求职择业中的困惑。

②（X2）规范就业招聘，突出信息服务。学校建立校内毕业生就业市场并通过全国组织机构信息核查系统确认招聘单位的合法性，保证所发信息的真实性和有效性，充分保障毕业生的利益和校园招聘会的安全。通过召开专场招聘会、百家企业招聘周、地方政府紧缺人才招聘会等形式为毕业生提供就业招聘信息。

校院领导、职能部门、教研室、研究生导师、专业课教师都充分利用自己的人脉资源邀请用人单位来校招聘、积极推荐毕业生就业。毕业生可在就业工作信息平台上完成生源信息核实、求职简历撰写、就业推荐表制作、就业协议书录入。校院管理员可以进行协议书管理，按学院、专业、性别、期望职位、工作地区等项分别统计分析毕业生求职意向，有针对性地开展毕业生就业指导工作。

③（X3）纳入教师管理，提高专业水平。成立辅导员系列专业技术职务评聘委员会，专门负责辅导员职称评聘工作，把具备相应资格证书、从事就业工作的专职辅导员纳入教师岗位管理。校领导、专职辅导员都积极参加"贵州省高校就业工作问题和就业工作信息平台建设研究""贵州高校毕业生创业研究"等课题的研究工作，从而形成就业理论与实践工作的良性互动，提高了毕业生就业工作的服务质量和指导水平。培养一支能奉献、有爱心、素质高、能力强的专业化的就业工作队伍，其中包括教授、副教授、讲师、职业规划师、生涯教练、教育部职业指导师。

（3）Y 机制与保障

学校高度重视毕业生就业工作，认真落实"一把手"工程，积极探索高校毕业生就业工作机制，从机构、人员、经费、场地等方面提供有力保障，抓落实，见成效，促进毕业生充分就业和高质量就业。

①（Y1）探索工作机制，狠抓制度建设。学校实行"领导主抓、部门统筹、学院为主、全员参与"的就业工作机制。成立以校长为组长的毕业生就业工作领导小组，校党委书记、校长亲自抓就业工作，制定了校领导

联系学院毕业生就业工作制度。成立招生就业处全面负责毕业生就业工作，各学院、教务处、研究生院、校团委、学生处等主要职能部门各司其职，通力合作。

学校明确学院是毕业生就业工作的主体，各学院成立以主要领导为组长的毕业生就业工作领导小组，形成了学院党委副书记主抓，专职辅导员具体负责，全体教师积极参与的齐抓共管、全员参与的工作格局。

②（Y2）加强队伍建设，提高指导水平。学校将就业工作队伍纳入总体规划，统筹安排，不断完善就业工作队伍管理制度，通过培养培训、学习考察等方式，有计划地提高就业工作队伍的整体素质。学校采取走出去、请进来等方式，组织工作人员到国内外参加培训、学习和考察。

③（Y3）经费保障到位，硬件设施齐全。学校毕业生就业工作专项经费应该逐年增加。建立全省高校校内就业市场，校级专用场地不低于3000平方米。拥有独立多功能室、面试室、会议室、咨询室。毕业生生均校级专用场地面积大于生均面积0.15平方米的标准。各项办公设施必须齐全，为毕业生和用人单位提供优质高效的就业招聘环境。

（4）Z 特色与创新

贵州省高校始终坚持育人为本、就业为重，不断深化教育教学改革和加强毕业生就业工作。坚持育人为本，培养"四能"人才；坚持就业为重，服务"六位一体"。

①（Z1）注重文化传承，品德育人。学校恪守兴学育人宗旨，发扬艰苦奋斗精神，历经沧桑不忘教育之本，百折不挠，秉持育人初衷。学校始终把德育渗透到人才培养的全过程，坚持德育为先，立德树人，全面提高大学生的综合素质，培养和铸就大量的"四能"人才。

②（Z2）注重通识教育，实践育人。学校积极探索多样化的人才培养模式，逐步加大大类招生力度，推进大类培养。大类招生不断增加，推进完全学分制改革，修订培养方案，构建"平台+模块"课程体系。

③（Z3）注重卓越教育，多元育人。努力进入教育部"卓越工程师教育培养计划"试点学校的行列，逐步面向各专业实施。努力打造教育部首

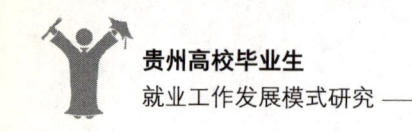

批"卓越法律人才教育培养基地"。建设综合改革试点，与国内外高校开展联合培养。

④（Z4）探索网络管理服务，建设就业信息平台。积极探索毕业生就业信息化建设新路，结合网站运行管理经验和就业工作实际需求，将就业信息网站与毕业生就业信息管理系统进行系统集成，打造出适应高校就业工作要求的高校就业工作信息台，通过现代信息技术将毕业生就业所需要的信息资源进行开发和整理，向毕业生、用人单位提供超越时间、空间和部门分隔限制的优质、高效、规范、透明的管理和服务。

⑤（Z5）开拓就业指导渠道，创新就业指导方法。从生涯规划课开始，引导学生使用就业工作信息平台，进行职业测评。学生通过平台进行网上职业咨询预约，具备职业规划师资格的教师一对一现场咨询辅导。毕业生通过平台将求职简历主动发送给就业指导教师，教师提出修改建议并通过平台自动反馈，提高求职简历制作水平。

⑥（Z6）高效发布招聘信息，拓宽信息共享渠道。为更加有效、即时地传播大量的就业信息，学校采用信息聚合技术，毕业生通过 RSS 阅读器注册订阅各类就业栏目，使每一条新发布的就业信息都不会错过。毕业生完善基本信息后自动开通就业空间，可上传学习、生活和工作照片，撰写文章，记录大学学习成长情况，进一步展示自己的能力、素养和个人形象。同样，用人单位也可通过就业空间全面介绍单位情况，便于毕业生了解。双方足不出户便实现了全方位、多角度互动交流，有助于达成就业协议。

就业工作信息平台成功与贵州省大中专毕业生就业信息管理系统全面集成，实现毕业生信息个人填写、学院校对、学校审核的工作模式，保证了毕业生就业数据的准确性，减少校院教师的工作量。与贵州省大中专毕业生就业指导中心网站进行集成，其招聘信息通过 API 接口显示在就业信息平台的主页上，同时就业信息平台校内招聘会信息也能显示在省就业指导中心网站首页上，实现了信息资源共享，提高了就业信息的利用率。

### 6.3.3 研究模型的构建

在 6.3.2 小节中提炼了各维度的关键点，现在通过专家评分法得出各维度的权重。专家组结合教育部文件精神和各高校就业工作情况，按 95 等份计算：W 育人与改革占 27 份；X 指导与服务占 33 份；Y 机制与保障占 15 份；Z 特色与创新占 20 份。

下面根据分值计算相对重要性：

Y 与 W 的相对重要性 =15/27=0.556，将其换算成九级标度：0.556×0.9=0.5004；

Y 与 X 的相对重要性 =15/33=0.455，将其换算成九级标度：0.455×0.9=0.4095；

Y 与 Z 的相对重要性 =15/20=0.75，将其换算成九级标度：0.75×0.9=0.675；

W 与 Z 的相对重要性 =27/20=1.35，将其换算成九级标度：1.35×0.9=1.215；

W 与 X 的相对重要性 =27/33=0.818，将其换算成九级标度：0.818×0.9=0.7362；

Z 与 X 的相对重要性 =20/33=0.606，将其换算成九级标度：0.606×0.9=0.5454。

因此得到判别矩阵 A，见表 6-1。各维度权重直方图如图 6-1 所示。

表 6–1　判别矩阵 A

| 总目标的实现 | Y | W | Z | X | Wi |
|---|---|---|---|---|---|
| Y | 1 | 0.2 | 0.25 | 0.1667 | 0.0504 |
| W | 5 | 1 | 2 | 0.1429 | 0.1823 |
| Z | 4 | 0.5 | 1 | 0.2 | 0.1326 |
| X | 6 | 7 | 5 | 1 | 0.6347 |

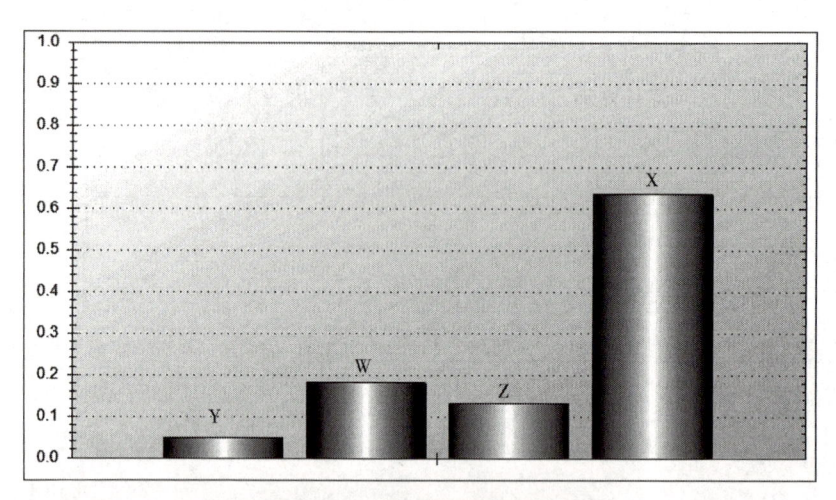

图 6-1 各维度权重直方图

由表 6-2~表 6-5 可见，X、Y、W、Z 的判别矩阵均为单位矩阵。计算方法为根法，检测次序一致性，一致性比例阈值为 0.2，最大一致性比例 0.1。通过所有矩阵运算和检验后，得到最优模型框架及最优权重方案如图 6-2、图 6-3 所示。

表 6-2　W 育人与改革的关键点权重表

| 关键点 | 权重 |
| --- | --- |
| （W1）推进教育改革，提高教学质量 | 1/3 |
| （W2）优化学科结构，加强专业建设 | 1/3 |
| （W3）专注人才培养，教改成效明显 | 1/3 |

表 6-3　X 指导与服务的关键点权重表

| 关键点 | 权重 |
| --- | --- |
| （X1）加强课程建设，就业全程指导 | 1/3 |
| （X2）规范就业招聘，突出信息服务 | 1/3 |
| （X3）纳入教师管理，提高专业水平 | 1/3 |

表 6-4　Y 机制与保障的关键点权重表

| 关键点 | 权重 |
| --- | --- |
| （Y1）探索工作机制，狠抓制度建设 | 1/3 |
| （Y2）加强队伍建设，提高指导水平 | 1/3 |
| （Y3）经费保障到位，硬件设施齐全 | 1/3 |

## 6 贵州高校毕业生就业工作模式展望

表 6–5　Z 特色与创新的关键点权重表

| 关键点 | 权重 |
| --- | --- |
| （Z1）注重文化传承，品德育人 | 1/6 |
| （Z2）注重通识教育，实践育人 | 1/6 |
| （Z3）注重卓越教育，多元育人 | 1/6 |
| （Z4）探索网络管理服务，建设就业信息平台 | 1/6 |
| （Z5）开拓就业指导渠道，创新就业指导方法 | 1/6 |
| （Z6）高效发布招聘信息，拓宽信息共享渠道 | 1/6 |

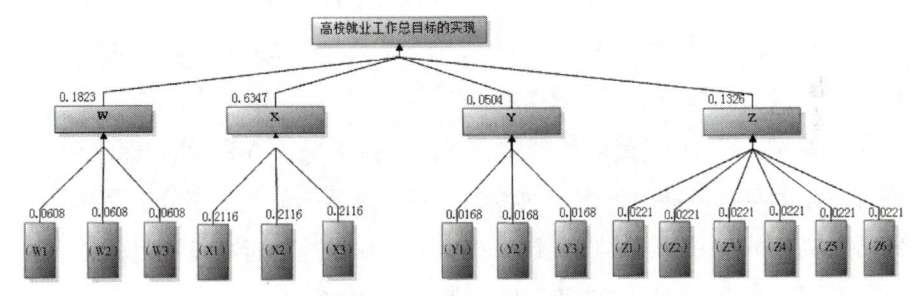

图 6–2　就业工作模型架构

最优权重方案如图 6-3 所示。

| 最终结果 | |
| --- | --- |
| 备选方案 | 权重 |
| （Y3） | 0.0168 |
| （Y2） | 0.0168 |
| （Y1） | 0.0168 |
| （W3） | 0.0608 |
| （W2） | 0.0608 |
| （W1） | 0.0608 |
| （Z5） | 0.0221 |
| （Z3） | 0.0221 |
| （Z4） | 0.0221 |
| （Z2） | 0.0221 |
| （Z6） | 0.0221 |
| （Z1） | 0.0221 |
| （X1） | 0.2116 |
| （X2） | 0.2116 |
| （X3） | 0.2116 |

图 6–3　模型最优权重方案

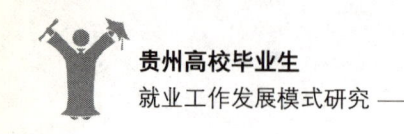

### 6.3.4 总结及启示

通常情况下，可以被测量的事物才可以被管理，但是很少有学者对贵州高校就业工作模式进行过测量，所以为了进一步完善贵州高校就业工作模式，按本研究的研究维度、框架、思路、方法进行有益探索是有较高价值的。

由 AHP 模型的构建过程及其结果可知：4个维度、15个关键点都非常重要。其中最重要、最紧急的关键点是：（X1）加强课程建设，就业全程指导、（X2）规范就业招聘，突出信息服务、（X3）纳入教师管理，提高专业水平。其次是：（W1）推进教育改革，提高教学质量、（W2）优化学科结构，加强专业建设、（W3）专注人才培养，教改成效明显。再其次是 Z 的6个关键点。较重要但是不紧急的关键点是：（Y1）探索工作机制，狠抓制度建设、（Y2）加强队伍建设，提高指导水平、（Y3）经费保障到位，硬件设施齐全。以此为依据，便可以参考本小节的就业工作分析部分，并结合某高校的实际情况，明确该高校就业工作系统的近期发展目标，进而制定合理、有效、科学的就业工作机制的完善方案。

对于贵州高校就业工作模式的完善工作，方向比努力更重要。该模型可以帮助高校就业工作者了解就业工作模式的发展目标，并明确定位，从而确定方向。可以将该模型看做贵州高校就业工作模式完善的指南针。应用该模型对贵州省高校的就业工作模式进行了多次系统的测量，同时也对该模型进行了验证，验证结果表明该模型是最佳实践模型（图6-4）。最后，该模型得到了贵州大学招生处就业工作者的一致好评，专家对该模型的系统性、针对性、科学性、有效性给予了肯定。

马克思在《资本论》第一卷第一章中写到："我的观点是把经济的、社会的、形态的发展理解为一种自然史的过程。"从图6-4可知，贵州高校毕业生就业工作的发展同样也是一个循序渐进的过程。从本省或者区域特定的实情以及高校自身的传统和条件出发，充分挖掘本校资源，找寻毕业生就业工作的优势突破口，形成高校毕业生就业工作特色点，再从特色点渗透扩展，最后发展为整体的、相对稳定的、相对成熟的、体现特色的适合本区域和高校实际情况的毕业生就业工作模式。其次，高校毕业生就

## 6 贵州高校毕业生就业工作模式展望

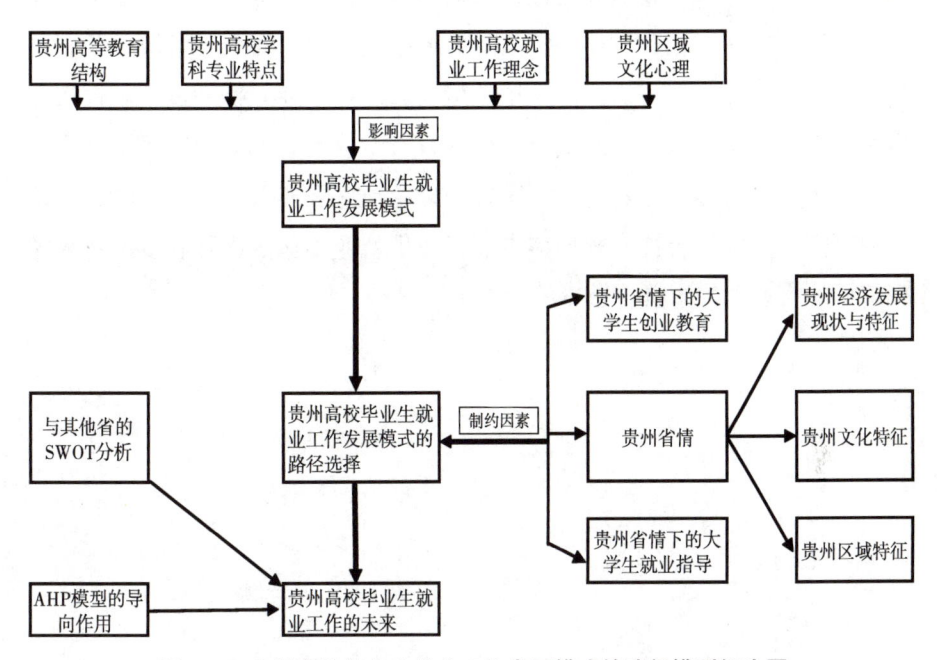

**图 6-4 贵州高校毕业生就业工作发展模式的路径模型衍生图**

业工作模式化发展是一种自主内涵式的发展，是一个创造性的、充满文化渗透性的提高。在高校毕业生就业工作过程中，学校不能改变和选择本校自身的传统、内外环境，高校毕业生就业工作模式化发展更强调对区域文化和本校文化内涵的关注，是高校毕业生就业工作的自主发展。这种自主发展有它的不可改变、不可逆转的部分，也有可以向其他省份学习，可以进一步优化的部分。关于可以进一步优化的部分，如何优化？它的方向在哪里？

需要强调的是：我们提出了 SWOT 分析和 AHP 分析并不是要确定贵州高校毕业生就业工作的具体的未来，而是做一些系统性的、导向性的、可视化的、动态化的发展目标和未来规划。这些发展目标和未来规划就像大海中的灯塔一样，虽然不是特别的清晰和准确，但是它可以给贵州高校毕业生就业工作者以信心，使得他们拥有更加坚定的信念。从原因到结果，从过去、现在到未来，开始对贵州高校就业工作有了更深、更全的了解。

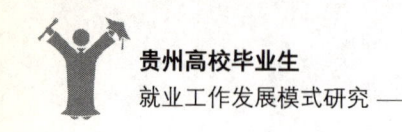

总而言之，本研究从开篇便开始进行基于贵州省情的高校毕业生就业工作发展模式研究，这种循序渐进的路径推演过程，对系统解决贵州高校毕业生就业问题，促进贵州高校毕业生充分有效就业，推动贵州高校毕业生就业工作科学发展，推进贵州高校教育教学改革，促进地区经济社会发展提供了理论依据，它具有十分重要的理论意义和实践意义。同时，本课题的研究对其他综合性高校的多专业毕业生就业工作的指导和政府对大学生就业的宏观调控也具有重要的参考意义、借鉴意义。

# 参考文献

［1］国家统计局．中国西部统计年鉴［M］．北京：中国统计出版社，2002．

［2］贵州省教育厅信息网站：http://www.gzsjyt.gov.cn/Category_313/Index．

［3］贵州省人民政府网站：http://www.gzgov.gov.cn/gzgk/jbsq/78387.shtml．

［4］贵州省大中专毕业生就业指导中心．贵州省2008年普通高等学校毕业生就业工作总结汇编［M］．贵州：贵州教育出版社，2008．

［5］贵州省大中专毕业生就业指导中心．贵州省2009年普通高等学校毕业生就业工作总结汇编［M］．贵州：贵州教育出版社，2009．

［6］贵州省大中专毕业生就业指导中心．贵州省2010年普通高等学校毕业生就业工作总结汇编［M］．贵州：贵州教育出版社，2010．

［7］贵州省大中专毕业生就业指导中心．贵州省2011年普通高等学校毕业生就业工作总结汇编［M］．贵州：贵州教育出版社，2011．

［8］贵州省统计局．贵州统计年鉴（2009）［M］．北京：中国统计出版社，2009．

［9］贵州省统计局．贵州统计年鉴（2010）［M］．北京：中国统计出

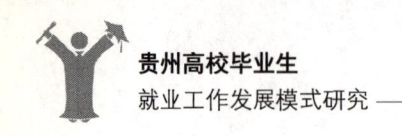

版社，2010.

［10］贵州省统计局．贵州统计年鉴（2011）［M］．北京：中国统计出版社，2011.

［11］贵州省统计局．贵州统计年鉴（2012）［M］．北京：中国统计出版社，2012.

［12］贵州省大中专毕业生就业指导中心网址：http：//www.gzsjyzx.com.

［13］国家统计局．中国教育统计年鉴（2009）［M］．北京：人民教育出版社，2009.

［14］国家统计局．中国教育统计年鉴（2010）［M］．北京：人民教育出版社，2010.

［15］国家统计局．中国教育统计年鉴（2011）［M］．北京：人民教育出版社，2011.

［16］国家统计局．中国教育统计年鉴（2012）［M］．北京：人民教育出版社，2012.

［17］章军．经济危机下大学毕业生就业难的原因及对策分析［J］．理论界，2010（11）．

［18］龚晓宽．贵州经济社会发展60年研究［M］．北京：中央文献出版社，2009.

［19］2011年贵州省人民政府工作报告［N］．贵州日报，2011-1-19.

［20］人民网－贵州专题：http：//gz.people.com.cn/GB/195053/336975.

［21］互动百科：http：//www.baike.com/wiki.

［22］华禹教育网：http：//www.huaue.com/gx24.htm.

［23］陈一文．我国高等教育结构调整的思路与对策［J］．人才与教育，2005（8）．

［24］学科［OL］：http：//baike.so.com/doc/5422096.html.

［25］余桂兰．贵州区域文化，毕节区域文化与区域经济发展模式［J］．中共贵州省委党校学报，2008（4）．

［26］张幼琪，史继忠，等．贵州开发引出的考量［M］．贵州：贵州

人民出版社，2008.

［27］贵州省教育厅. 贵州省情教程（第三版）［M］. 北京：清华大学出版社，2011.

［28］2012年全国各省人均GDP排名. 最穷的贵州人均GDP只有3120刀［OL］. http：//bbs.tianya.cn/post-333-314818-1.shtml.

［29］史继忠. 贵州文化解读［M］. 贵州：贵州教育出版社，2000.

［30］李建军. 中华传统文化与贵州地域文化研究论丛［C］. 贵州：贵州人民出版社，2006.

［31］牟代居，陈康海，等. 贵州优特产业的演进［M］. 贵州：贵州人民出版社，2008.

［32］彭岚嘉，陈占彪，等. 中国西部文化发展战略研究［M］. 北京：中国社会科学出版社，2002.

［33］张幼琪. 神奇的喀斯特王国——重塑贵州旅游形象的思考［M］. 贵州：贵州民族出版社，2000.

［34］孙百才，李发军. 西部地区高校毕业生就业问题研究：以甘肃省的实证调查为例［M］. 北京：高等教育出版社，2009.

［35］俞金波. 大学生创业教育培养模式的科学构建及其运行［J］. 高教探索，2012（2）.

［36］刘行. 高校服务型学生工作模式的构建研究［D］. 湘潭大学，2010.

［37］冯晓宪，韩飞. 贵州省某W国企基层员工赏罚制度满意度实证分析［J］. 贵州大学学报，2011（6）.

［38］冯晓宪，韩飞. 某W国企基层员工满意度投资实证分析［J］. 贵州大学学报，2012（6）.

［39］李敏. AHP在中小企业人员培训效果评估中的应用研究［J］. 企业经济，2011（2）.

［40］韩飞. 基于定量评估模型视角下的国企员工培训效果研究［D］. 贵州大学，2013.

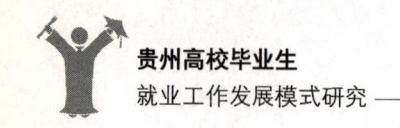

［41］冯晓宪，王华，肖内昆，等.完善贵州高校就业工作机制的AHP模型研究［J］.教育文化论坛，2013（6）.

［42］http://www.cq.xinhuanet.com/2012-08/14c-112714-181.htm［EB/OL］.

［43］李妲增.高校毕业生基层就业SWOT分析——以黑龙江省为例［J］.价值工程，2012（3）.

# 附录1　贵州高校毕业生就业工作调查问卷（教师版）

尊敬的老师：

您好！

为了更好地了解和研究贵州省高校毕业生就业工作状况，实现对大学生就业工作提供有效指导的目标，贵州省省长基金项目"贵州高校毕业生就业工作发展模式研究"课题组特地组织了这次调研。本次调研结果只用于相关问题分析，不会对外公布任何个人及所在学校的信息。

恳请您的支持与合作！

学校名称：＿＿＿＿＿＿＿＿。

1. 贵校毕业生的主要就业地区：＿＿＿＿＿＿。

（1）京津沪地区（2）东部地区（3）中部地区（4）西部地区

2. 贵校毕业生的主要就业单位性质：＿＿＿＿＿＿。（最多选5项）

（1）国有企业（2）政府党政机关（3）民营企业（4）金融单位

（5）西部志愿（6）选调乡镇（7）高等学校（8）其他教学单位

（9）科研设计单位（10）其他事业单位（11）外资企业（12）个体经营

（13）升学录取为研究生（14）其他（请说明）＿＿＿＿＿＿＿＿

3. 贵校担任就业指导课程的老师是哪些人：＿＿＿＿＿＿。

（1）辅导员及学生工作人员（2）学科专业老师（3）外聘人员

（4）学校其他部门行政人员（5）其他兼职人员

4. 请您对贵校就业指导工作人员做出总体评价：_____。

（1）很好（2）好（3）一般（4）差

5. 贵校对在校学生开展就业指导的开始时间：_____；

重点开展就业指导的时间：_____。

（1）大一（2）大二（3）大三（4）大四

6. 贵校开设就业指导课是否为与专业课相结合的必修课程：_____。

（1）是（2）否

7. 贵校是否对每届毕业生就业指导工作的理念、社会对高校毕业生人才需求趋势进行专题调查研究：_____。

（1）是（2）否

8. 您认为毕业生就业指导应急需大力加强哪些内容：_____。（最多可以选择3项）

（1）提供求职方法与求职技巧的指导（2）提供更多就业信息

（3）就业个性化指导服务（4）举办专题讲座

（5）择业观、职业道德观教育（6）提供就业实践机会

（7）其他（请说明）_____

9. 您觉得学校除提供就业指导课程外，还应提供哪方面的指导：_____。（最多可以选择3项）

（1）职业生涯规划（2）素质拓展（3）就业实践机会（4）模拟招聘

（5）专业实习（6）其他（请说明）_____

10. 贵校的就业工作中是否存在以下问题（如果有，请在括号中打"√"）：

（1）就业指导体系不完善，观念落后。　　　　　　　　　　（　）

（2）就业指导工作注重时效性，缺乏系统性和规划性。　　　（　）

（3）就业指导时间滞后，缺乏全程性指导。　　　　　　　　（　）

（4）就业指导的内容、形式具有单一性。　　　　　　　　　（　）

（5）就业指导重理论、技巧，轻实践、内在素质。　　　　　（　）

（6）就业指导主要以应届毕业生为主，服务的对象有限。　　　（　）

（7）就业指导效果不理想，难以满足学生的个性化需求。　　　（　）

（8）就业指导机构经费不足，软、硬件资源建设不够。　　　　（　）

（9）就业指导队伍建设薄弱，指导人员数量较少，素质较低。　（　）

（10）就业信息网建设缺乏整体有效的运行机制。　　　　　　（　）

（11）就业信息网的指导服务功能不完善，信息整合度亟待提高。（　）

（12）就业信息网搜集学生与用人单位的信息缺乏主动性。　　（　）

（13）就业信息网发布的信息审核有待加强。　　　　　　　　（　）

（14）就业工作考核中，就业质量的考核滞后就业率的考核。　（　）

11. 您所在学校的高等教育层次结构主要以_____为主。

（1）专科教育（2）本科教育（3）专、本科教育并重

（4）研究生教育（5）其他（请说明）_____

12. 您认为贵校的专业设置是否与地方经济社会发展相适应：_____。

（1）很适应（2）适应（3）一般（4）不太适应（5）不适应

13. 贵校是否有与地方经济社会发展相适应的特色优势专业：_____。

（1）有（2）没有

如果有，主要分布在哪些学科中：_____。

（1）哲学（2）经济学（3）法学（4）教育学（5）文学（6）历史学

（7）理学（8）工学（9）农学（10）医学（11）管理学（12）艺术学

14. 贵校专业设置存在的主要问题：_____。（最多选3项）

（1）高校根据经济社会需要设置专业的自主权较小，积极性不高

（2）专业设置上求大求全，专业设置失去严格而理性的控制

（3）体现地方支柱产业和特色产业特性的专业设置较少，存在专业设置错位、重复等问题

（4）专业设置偏重文理工科，涉及特色生态农业的相关专业较少，缺乏办学特色

（5）专业与课程设置、课程内容等方面存在着脱离生产和生活实际的问题

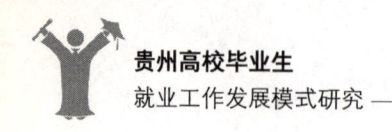

（6）培养目标泛化，盲目设置专业和扩大招生，没有学科优势和竞争力

15. 您认为解决专业设置存在问题的办法：_____。（最多选3项）

（1）赋予高校一定的根据地方经济社会需要设置专业的权利

（2）建立对高校专业设置进行动态评估的机制

（3）严控高校专业设置，学科专业设置与就业率挂钩

（4）高校明确办学定位，创建学科和专业优势，服务区域经济社会发展

（5）优化课程体系建设，深化专业内涵建设

（6）整合资源，促进高校创新专业设置

（7）积极构建多渠道的高校发展支持体制

16. 您认为面对日益严峻的就业形势，贵州高校毕业生就业工作急需具有哪些工作理念？_____。（可以多选）

（1）责任意识（2）全员化（3）全程化（4）市场意识（5）质量意识

（6）创新意识（7）专业化（8）以学生为本

17. 您对高校就业指导工作有哪些更好的建议？

再次衷心感谢您的支持！

# 附录2 贵州高校毕业生就业工作调查问卷（学生版）

亲爱的同学：

为了更好地了解和研究贵州省高校毕业生就业工作状况，实现对大学生就业工作提供有效指导的目标。贵州省省长基金项目"贵州高校毕业生就业工作发展模式研究"课题组特地组织了这次调查，请如实填写。本调查只用于统计分析，不会公布任何个人及所在学校的信息。

希望能够得到您的支持与合作！

第一部分：基本信息

1. 您就读学校名称：_____。

2. 所主修的专业：_____。

3. 您的性别：_____。（1）男　（2）女

4. 您的民族：_____。（1）汉族　（2）少数民族

5. 您的学历：_____。（1）专科　（2）本科

6. 您目前的去向：_____。

（1）已确定单位（2）升学（国内）（3）出国、出境

（4）自主创业（5）正在寻找工作（待就业）（6）其他灵活就业

（7）其他暂不就业（8）其他（请说明）_____

第二部分：就业期望

7. 您希望从事的是以下哪类工作：_____。（最多可以选择3项）

（1）行政管理工作（2）企业管理工作（3）专业技术工作

（4）服务工作（5）工人（6）教育

（7）金融（8）自主创业（9）其他

8. 您选择职业的最主要标准：_____。（最多可以选择3项）

（1）工作稳定性（2）工资和福利（3）单位的前景

（4）是否能发挥能力和个性（5）职业的社会地位（6）个人兴趣与爱好

（7）就业地区（8）社会关系与感情因素

9. 您期望的就业起薪（税前）：_____。可以接受的最低起薪：_____。

（1）1500~2000元（2）2000~3000元（3）3000~4000元

（4）4000~5000元（5）5000元以上

10. 您将主要向以下哪类单位求职？第一位：_____；第二位：_____；第三位：_____。

（1）政府机关（2）国有企业（3）高等学校（4）科研设计单位

（5）三资企业（6）金融单位（7）城镇社区（8）民营企业

（9）其他企业（10）自主创业

11. 您理想的工作区域：_____。

（1）沿海（2）东部（3）中部（4）西部

希望层次：_____。

（1）省份城市或直辖市（2）地级市（3）县级市或县城（4）乡镇

第三部分：求职过程

12. 您认为就业指导应该从什么时候开始最合适：_____。

（1）大四（2）大三（3）大二（4）大一（5）其他

13. 您学校担任就业指导课程的老师是哪些人：_____。

（1）辅导员及其他学生工作人员（2）学科专业老师（3）外聘人员

（4）学校其他部门行政人员（5）其他兼职人员

## 附录2　贵州高校毕业生就业工作调查问卷（学生版）

14. 您认为就业指导老师的办事能力_____；服务水平_____。

（1）非常满意（2）满意（3）比较满意（4）不满意

15. 如果您已获得工作，主要信息途径来源：_____。（最多可以选择3项）

（1）学校就业指导机构发布的需求信息（2）从职业介绍机构获得的信息

（3）从企业得到的书面招聘广告（4）专门性的人才招聘信息刊物

（5）在人才洽谈会获得的信息（6）新闻媒介的零散招聘广告

（7）父母、亲戚介绍的信息（8）朋友或熟人介绍的信息

（9）网络招聘信息（10）实习单位提供的信息

16. 您认为毕业生就业指导应大力加强哪些内容：_____。（最多可以选择3项）

（1）就业个性化指导服务（2）提供更多就业信息（3）举办专题讲座

（4）调整就业期望值（5）职业生涯规划（6）就业形势与政策指导

（7）就业心理指导（8）模拟招聘（9）实习机会

（10）素质拓展（11）其他（请说明）_____

17. 您对高校就业指导工作有哪些更好的建议？

再次衷心感谢您的支持！

# 附录3　基于SPSS统计软件对高校学生工作老师填写的调研问卷分析

1. 贵校毕业生的主要就业地区：_____。（最多选2项）
（1）京津沪地区（2）东部地区（3）中部地区（4）西部地区

Group $ZYJYDQ 毕业生主要就业地区

| Category label | Code | Count | Pct of Responses | Pct of Cases |
| --- | --- | --- | --- | --- |
| （1）京津沪地区 | 1 | 6 | 4.2 | 5.8 |
| （2）东部地区 | 2 | 17 | 11.8 | 16.3 |
| （3）中部地区 | 3 | 25 | 17.4 | 24.0 |
| （4）西部地区 | 4 | 96 | 66.7 | 92.3 |
| Total responses |  | 464 | 100.0 | 446.2 |

0 missing cases；104 valid cases

从以上"毕业生主要就业地区"的频数分析表分析可知：在本次被调查的104名高校学生工作老师中，认为所在学校毕业生的主要就业地区具体结果如下：

第一，西部地区（66.7%的被选率）；

第二，中部地区（17.4%的被选率）；

第三，东部地区（11.8%的被选率）；

## 附录 3  基于 SPSS 统计软件对高校学生工作老师填写的调研问卷分析

第四,京津沪地区(4.2% 的被选率)。

2. 贵校毕业生的主要就业单位性质:_____。(最多选 5 项)

(1)国有企业(2)政府党政机关(3)民营企业(4)金融单位

(5)西部志愿(6)选调乡镇(7)高等学校(8)其他教学单位

(9)科研设计单位(10)其他事业单位(11)外资企业(12)个体经营

(13)升学录取为研究生(14)其他(请说明)_____

Group $JYDWXZ 毕业生主要就业单位性质

| Category label | Code | Count | Pct of Responses | Pct of Cases |
|---|---|---|---|---|
| (1)国有企业 | 1 | 86 | 18.5 | 82.7 |
| (2)政府党政机关 | 2 | 47 | 10.1 | 45.2 |
| (3)民营企业 | 3 | 88 | 19.0 | 84.6 |
| (4)金融单位 | 4 | 16 | 3.4 | 15.4 |
| (5)西部志愿 | 5 | 42 | 9.1 | 40.4 |
| (6)选调乡镇 | 6 | 43 | 9.3 | 41.3 |
| (7)高等学校 | 7 | 7 | 1.5 | 6.7 |
| (8)其他教学单位 | 8 | 9 | 1.9 | 8.7 |
| (9)科研设计单位 | 9 | 6 | 1.3 | 5.8 |
| (10)其他事业单位 | 10 | 32 | 6.9 | 30.8 |
| (11)外资企业 | 11 | 15 | 3.2 | 14.4 |
| (12)个体经营 | 12 | 8 | 1.7 | 7.7 |
| (13)升学录取为研究生 | 13 | 65 | 14.0 | 62.5 |
| Total responses | | 464 | 100.0 | 446.2 |

0 missing cases;  104 valid cases

从以上"毕业生主要就业单位性质"的频数分析表分析可知:在本次被调查的 104 名高校学生工作老师中,认为所在学校毕业生的主要就业单位性质具体结果依次为:民营企业(19.0% 的选择率);国有企业(18.5% 的选择率);升学录取为研究生(14.0% 的选择率);政府党政机关(10.1% 的选择率);选调乡镇(9.3% 的选择率);西部志愿(9.1% 的选择率);其他事业单位(6.9% 的选择率);金融单位(3.4% 的选择率);外资企业(3.2% 的选择率);其他教学单位(1.9% 的选择率);个体经营(1.7% 的

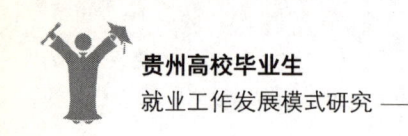

选择率）；高等学校（1.5% 的选择率）；科研设计单位（1.3% 的选择率）。

3. 贵校担任就业指导课程的老师是哪些人：_____。

（1）辅导员及学生工作人员（2）学科专业老师（3）外聘人员

（4）学校其他部门行政人员（5）其他兼职人员

Group $ZYZDLS 就业指导老师的类型

| Category label | Code | Count | Pct of Responses | Pct of Cases |
|---|---|---|---|---|
| （1）辅导员及学生工作人员 | 1 | 96 | 62.7 | 92.3 |
| （2）学科专业老师 | 2 | 26 | 17.0 | 25.0 |
| （3）外聘人员 | 3 | 2 | 1.3 | 1.9 |
| （4）学校其他部门行政人员 | 4 | 24 | 15.7 | 23.1 |
| （5）其他兼职人员 | 5 | 5 | 3.3 | 4.8 |
| Total responses | | 153 | 100.0 | 147.1 |

0 missing cases; 104 valid cases

从以上"就业指导老师的类型"的频数分析表分析可知：在本次被调查的 104 名高校学生工作老师中，认为所在学校担任就业指导课程老师的前三种主要类型依次为：辅导员及学生工作人员（62.7% 的选择率）；学科专业老师（17.0% 的选择率），学校其他部门行政人员（15.7% 的选择率）。

4. 请对贵校就业指导工作人员做出总体评价：_____。

（1）很好（2）好（3）一般（4）差

就业指导工作人员的总体评价（Frequencies 分析）

| | | Frequency | Percent | Valid Percent | Cumulative Percent |
|---|---|---|---|---|---|
| Valid | （1）很好 | 10 | 9.6 | 9.6 | 9.6 |
| | （2）好 | 37 | 35.6 | 35.6 | 45.2 |
| | （3）一般 | 52 | 50.0 | 50.0 | 95.2 |
| | （4）差 | 5 | 4.8 | 4.8 | 100.0 |
| | Total | 104 | 100.0 | 100.0 | |

从以上"就业指导工作人员的总体评价"的频数分析表可以得出：在本次被调查的 104 名高校学生工作老师中，给出"一般"评价的被调查者最多（占被调查者总数的 50.0%）；的"好"评价次之（占被调查者总数的

> 附录3  基于 SPSS 统计软件对高校学生工作老师填写的调研问卷分析

35.6%）；"很好"评价的居第三（占被调查者总数的 9.6%）；"差"的评价最少（占被调查者总数的 4.8%）。

5. 贵校对在校学生开展就业指导的开始时间：_____；

重点开展就业指导的时间：_____。

（1）大一（2）大二（3）大三（4）大四

就业指导的开始时间（Frequencies 分析）

|  |  | Frequency | Percent | Valid Percent | Cumulative Percent |
|---|---|---|---|---|---|
| Valid | （1）大一 | 19 | 18.3 | 18.3 | 18.3 |
|  | （2）大二 | 15 | 14.4 | 14.4 | 32.7 |
|  | （3）大三 | 49 | 47.1 | 47.1 | 79.8 |
|  | （4）大四 | 21 | 20.2 | 20.2 | 100.0 |
|  | Total | 104 | 100.0 | 100.0 |  |

从以上"就业指导的开始时间"的频数分析表可知：在本次被调查的 104 名高校学生工作老师中，47.1% 被调查高校学生工作老师认为所在学校开始开展就业指导的时间为大三；20.2% 的被调查高校学生工作老师认为所在学校在大四开始开展就业指导工作；18.3% 的被调查高校学生工作老师认为所在学校在大一就开始就业指导工作；14.4% 的被调查高校学生工作老师认为所在学校在大二开始开展就业指导工作。

就业指导重点开展的时间（Frequencies 分析）

|  |  | Frequency | Percent | Valid Percent | Cumulative Percent |
|---|---|---|---|---|---|
| Valid | （1）大一 | 1 | 1.0 | 1.0 | 1.0 |
|  | （2）大二 | 2 | 1.9 | 1.9 | 2.9 |
|  | （3）大三 | 23 | 22.1 | 22.1 | 25.0 |
|  | （4）大四 | 78 | 75.0 | 75.0 | 100.0 |
|  | Total | 104 | 100.0 | 100.0 |  |

从以上"就业指导重点开展的时间"的频数分析表可知：在本次被调查的 104 名高校学生工作老师中，认为所在学校重点开展就业指导工作时间在大四学期的占 75.0%；其次为大三学期，所占比例为 22.1%。

6. 贵校开设就业指导课是否为与专业课相结合的必修课程：_____。

（1）是（2）否

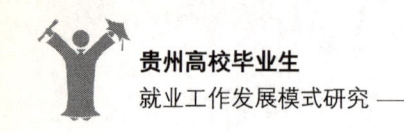

**就业指导课是否与专业课相结合的必修课程（Frequencies 分析）**

| | | Frequency | Percent | Valid Percent | Cumulative Percent |
|---|---|---|---|---|---|
| Valid | （1）是 | 17 | 16.3 | 16.3 | 16.3 |
| | （2）否 | 87 | 83.7 | 83.7 | 100.0 |
| | Total | 104 | 100.0 | 100.0 | |

从以上"就业指导课是否为与专业课相结合的必修课程"频数分析表可知：在本次被调查的 104 名高校学生工作老师中，83.7% 的被调查高校学生工作老师认为所在学校开设的就业指导课不是与专业课相结合的必修课程，仅有 16.3% 的被调查高校学生工作老师认为所在学校开设的就业指导课是与专业课相结合的必修课程。

7. 贵校是否对每届毕业生就业指导工作的理念、社会对高校毕业生人才需求趋势进行专题调查研究：_____。

（1）是（2）否

**就业指导工作的专题调查研究（Frequencies 分析）**

| | | Frequency | Percent | Valid Percent | Cumulative Percent |
|---|---|---|---|---|---|
| Valid | （1）是 | 16 | 15.4 | 15.4 | 15.4 |
| | （2）否 | 88 | 84.6 | 84.6 | 100.0 |
| | Total | 104 | 100.0 | 100.0 | |

从以上"就业指导工作专题调查研究"的频数分析表可知：在本次被调查的 104 名高校学生工作老师中，84.6% 的被调查高校学生工作老师认为所在学校没有对每届毕业生就业指导工作的理念、社会对高校毕业生人才需求趋势进行专题调查研究，持相反观点的被调查高校学生工作老师仅为 15.4%。

8. 您认为毕业生就业指导应急需大力加强哪些内容：_____。（最多可以选择 3 项）

（1）提供求职方法与求职技巧的指导（2）提供更多就业信息

（3）就业个性化指导服务（4）举办专题讲座

（5）择业观、职业道德观教育（6）提供就业实践机会

## 附录 3　基于 SPSS 统计软件对高校学生工作老师填写的调研问卷分析

（7）其他（请说明）_____

```
Group $ZYZDJQ 就业指导应急需加强的内容
```

| Category label | Code | Count | Pct of Responses | Pct of Cases |
|---|---|---|---|---|
| （1）提供求职方法与求职技巧的指导 | 1 | 51 | 16.9 | 49.0 |
| （2）提供更多就业信息 | 2 | 50 | 16.6 | 48.1 |
| （3）提供就业个性化指导服务 | 3 | 75 | 24.9 | 72.1 |
| （4）举办专题讲座 | 4 | 12 | 4.0 | 11.5 |
| （5）择业观、职业道德观教育 | 5 | 46 | 15.3 | 44.2 |
| （6）提供就业实践机会 | 6 | 67 | 22.3 | 64.4 |
| Total responses | | 301 | 100.0 | 289.4 |

0 missing cases；104 valid cases

经以上"就业指导应急需加强的内容"的频数分析表分析可知：在本次 104 名被调查高校学生工作老师中，认为毕业生就业指导应急需大力加强的前三项内容分别为：提供就业个性化指导服务（24.9% 的被选率）；提供就业实践机会（22.3% 的被选率）；提供求职方法与求职技巧的指导（16.9% 的被选率）。

9. 您觉得学校除提供就业指导课程外，还应提供哪方面的指导：_____。（最多可以选择 3 项）

（1）职业生涯规划（2）素质拓展（3）就业实践机会（4）模拟招聘

（5）专业实习（6）其他（请说明）_____

```
Group $JYZD 除就业指导外，还应提供哪些指导
```

| Category label | Code | Count | Pct of Responses | Pct of Cases |
|---|---|---|---|---|
| （1）职业生涯规划 | 1 | 65 | 22.0 | 62.5 |
| （2）素质拓展 | 2 | 40 | 13.6 | 38.5 |
| （3）就业实践机会 | 3 | 76 | 25.8 | 73.1 |
| （4）模拟招聘 | 4 | 50 | 16.9 | 48.1 |
| （5）专业实习 | 5 | 64 | 21.7 | 61.5 |
| Total responses | | 295 | 100.0 | 283.7 |

0 missing cases；104 valid cases

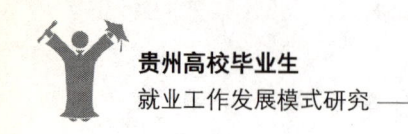

从以上"除就业指导外,还应提供哪些指导"的频数分析表分析可知:在本次104名被调查高校学生工作老师中,认为学校除提供就业指导课程外,还应提供如下方面的指导,前三位分别为:提供就业实践机会(25.8%的被选率);提供职业生涯规划(22.0%被选率);提供专业实习(21.7%被选率)。

10.贵校的就业工作中是否存在以下问题(如果有,请在括号中打"√")。

(1)就业指导体系不完善,观念落后。( )

(2)就业指导工作注重时效性,缺乏系统性和规划性。( )

(3)就业指导时间滞后,缺乏全程性指导。( )

(4)就业指导的内容、形式具有单一性。( )

(5)就业指导重理论、技巧,轻实践、内在素质。( )

(6)就业指导主要以应届毕业生为主,服务的对象有限。( )

(7)就业指导效果不理想,难以满足学生的个性化需求。( )

(8)就业指导机构经费不足,软、硬件资源建设不够。( )

(9)就业指导队伍建设薄弱,指导人员数量较少,素质较低。( )

(10)就业信息网建设缺乏整体有效的运行机制。( )

(11)就业信息网的指导服务功能不完善,信息整合度亟待提高。( )

(12)就业信息网搜集学生与用人单位的信息缺乏主动性。( )

(13)就业信息网发布的信息审核有待加强。( )

(14)就业工作考核中,就业质量的考核滞后就业率的考核。( )

Group $CZWT 就业工作中存在的问题

| Category label | Code | Count | Pct of Responses | Pct of Cases |
| --- | --- | --- | --- | --- |
| (1)就业指导体系不完善,观念落后 | 1 | 68 | 8.0 | 65.4 |
| (2)就业指导工作注重时效性,缺乏系统性和规划性 | 2 | 65 | 7.7 | 62.5 |
| (3)就业指导时间滞后,缺乏全程性指导 | 3 | 73 | 8.6 | 70.2 |
| (4)就业指导的内容、形式具有单一性 | 4 | 76 | 9.0 | 73.1 |
| (5)就业指导重理论、技巧、轻实践、内在素质 | 5 | 65 | 7.7 | 62.5 |

○ 附录 3　基于 SPSS 统计软件对高校学生工作老师填写的调研问卷分析

续表

| | | | | |
|---|---|---|---|---|
| （6）就业指导主要以应届毕业生为主，服务的对象有限 | 6 | 51 | 6.0 | 49.0 |
| （7）就业指导效果不理想，难以满足学生的个性化需求 | 7 | 52 | 6.2 | 50.0 |
| （8）就业指导机构经费不足，软、硬件资源建设不够 | 8 | 63 | 7.5 | 60.6 |
| （9）就业指导队伍建设薄弱，指导人员数量较少，素质较低 | 9 | 70 | 8.3 | 67.3 |
| （10）就业信息网建设缺乏整体有效的运行机制 | 10 | 52 | 6.2 | 50.0 |
| （11）就业信息网的指导服务功能不完善，信息整合度亟待提高 | 11 | 62 | 7.3 | 59.6 |
| （12）就业信息网搜集学生与用人单位的信息缺乏主动性 | 12 | 45 | 5.3 | 43.3 |
| （13）就业信息网发布的信息审核有待加强 | 13 | 41 | 4.9 | 39.4 |
| （14）就业工作考核中，就业质量的考核滞后就业率的考核 | 14 | 62 | 7.3 | 59.6 |
| Total responses | | 301 | 100.0 | 289.4 |

0 missing cases；104 valid cases

　　从以上"就业工作中存在的问题"的频数分析表分析可知：在本次104名被调查高校学生工作老师中，认为所在学校的就业指导工作在以下方面存在问题：第一，就业指导的内容、形式具有单一性（9.0%）；第二，就业指导时间滞后，缺乏全程性指导（8.6%）；第三，就业指导队伍建设薄弱，指导人员数量较少，素质较低（8.3%）；第四，就业指导体系不完善，观念落后（8.0%）；第五，就业指导工作注重时效性，缺乏系统性和规划性（7.7%）和就业指导重理论、技巧，轻实践、内在素质（7.7%）；第六，就业指导机构经费不足，软、硬件资源建设不够（7.5%）；第七，就业工作考核中，就业质量的考核滞后就业率的考核（7.3%）和就业信息网的指导服务功能不完善，信息整合度亟待提高（7.3%）；第八，就业指导效果不理想，难以满足学生的个性化需求（6.2%）和就业信息网建设缺乏整体有效的运行机制（6.2%）；第九，就业指导主要以应届毕业生为主，服务的对象有限（6.0%）；第十，就业信息网搜集学生与用人单位的信息缺乏主动性（5.3%）；第十一，就业信息网发布的信息审核有待加强（4.9%）。

　　11. 您所在学校的高等教育层次结构主要以_____为主。

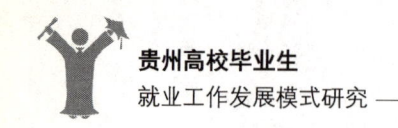

（1）专科教育（2）本科教育（3）专、本科教育并重

（4）研究生教育（5）其他（请说明）_____

**学校的高等教育层次结构（Frequencies 分析）**

| | | Frequency | Percent | Valid Percent | Cumulative Percent |
|---|---|---|---|---|---|
| Valid | （2）本科教育 | 101 | 97.1 | 97.1 | 97.1 |
| | （3）专、本科教育并重 | 3 | 2.9 | 2.9 | 100.0 |
| | Total | 104 | 100.0 | 100.0 | |

从以上"学校的高等教育层次结构"的频数分析表分析可知：在被调查的104名高校学生工作老师中，绝大多数被调查高校学生工作老师（97.1%）认为所在学校的高等教育结构以本科教育为主；仅2.9%的被调查高校学生工作老师认为所在学校的高等教育结构以专、本科教育并重为主。

12. 您认为贵校的专业设置是否与地方经济社会发展相适应：_____。

（1）很适应（2）适应（3）一般（4）不太适应（5）不适应

**本校的专业设置是否与地方经济社会发展相适应（Frequencies 分析）**

| | | Frequency | Percent | Valid Percent | Cumulative Percent |
|---|---|---|---|---|---|
| Valid | （1）很适应 | 2 | 1.9 | 1.9 | 1.9 |
| | （2）适应 | 27 | 26.0 | 26.0 | 27.9 |
| | （3）一般 | 72 | 69.2 | 69.2 | 97.1 |
| | （4）不太适应 | 3 | 2.9 | 2.9 | 100.0 |
| | Total | 104 | 100.0 | 100.0 | |

从以上"本校的专业设置是否与地方经济社会发展相适应"的频数分析表分析可知：在104名被调查高校学生工作老师中，大多数被调查高校学生工作老师（69.2%）对所在学校的专业设置与地方经济社会发展适应度持"一般"态度；26.0%的被调查高校学生工作老师认为所在学校的专业设置与地方经济社会发展"适应"；2.9%的被调查高校学生工作老师认为所在学校的专业设置与地方经济社会发展"不太适应"；仅1.9%的被调查高校学生工作老师认为所在学校的专业设置与地方经济社会发展"很适应"。

13. 贵校是否有与地方经济社会发展相适应的特色优势专业：_____。

（1）有（2）没有

如果有，主要分布在哪些学科中：_____。

（1）哲学（2）经济学（3）法学（4）教育学（5）文学（6）历史学

（7）理学（8）工学（9）农学（10）医学（11）管理学（12）艺术学

**本校是否有与地方经济社会发展相适应的特色优势专业（Frequencies 分析）**

| | | Frequency | Percent | Valid Percent | Cumulative Percent |
|---|---|---|---|---|---|
| Valid | （1）有 | 98 | 94.2 | 94.2 | 94.2 |
| | （2）没有 | 6 | 5.8 | 5.8 | 100.0 |
| | Total | 104 | 100.0 | 100.0 | |

从以上"本校是否有与地方经济社会发展相适应的特色优势专业"的频数分析表分析可知：在104名被调查高校学生工作老师中，绝大多数被调查高校学生工作老师（94.2%）认为所在学校有与地方经济社会发展相适应的特色优势专业；5.8%的被调查高校学生工作老师认为所在学校没有与地方经济社会发展相适应的特色优势专业。

| Group $FBXK 特色优势专业分布的学科 | | | | |
|---|---|---|---|---|
| Category label | Code | Count | Pct of Responses | Pct of Cases |
| （1）哲学 | 1 | 1 | 0.2 | 1.0 |
| （2）经济学 | 2 | 75 | 17.2 | 75.0 |
| （3）法学 | 3 | 1 | 0.2 | 1.0 |
| （7）理学 | 7 | 86 | 19.8 | 86.0 |
| （8）工学 | 8 | 99 | 22.8 | 99.0 |
| （9）农学 | 9 | 96 | 22.1 | 96.0 |
| （10）医学 | 10 | 1 | 0.2 | 1.0 |
| （11）管理学 | 11 | 75 | 17.2 | 75.0 |
| （12）艺术学 | 12 | 1 | 0.2 | 1.0 |
| Total responses | | 435 | 100.0 | 435.0 |

4 missing cases; 100 valid cases

从以上"特色优势专业分布的学科"频数分析表分析可知：存在4个

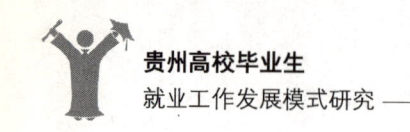

缺省值，只有100个有效值。所以在104名被调查的高校学生工作老师中，可知特色优势专业主要分布在工学学科、农学学科、理学学科、管理学学科、经济学学科中，具体情况如下：被调查的高校学生工作老师认为所在学校的特色优势专业分布在工学学科中的选择率为22.8%；被调查的高校学生工作老师认为所在学校的特色优势专业分布在农学学科中的选择率为22.1%；被调查的高校学生工作老师认为所在学校的特色优势专业分布在理学学科中的选择率为19.8%；被调查的高校学生工作老师认为所在学校的特色优势专业分布在管理学学科和经济学学科中的选择率各有17.2%。

14. 贵校专业设置存在的主要问题：_____。（最多选3项）

（1）高校根据经济社会需要设置专业的自主权较小，积极性不高

（2）专业设置上求大求全，专业设置失去严格而理性的控制

（3）体现地方支柱产业和特色产业特性的专业设置较少，存在专业设置错位、重复等问题

（4）专业设置偏重文理工科，涉及特色生态农业的相关专业较少，缺乏办学特色

（5）专业与课程设置、课程内容等方面存在着脱离生产和生活实际的问题

（6）培养目标泛化，盲目设置专业和扩大招生，没有学科优势和竞争力

| Group $ZYSZWT 专业设置存在的问题 | | | | |
|---|---|---|---|---|
| Category label | Code | Count | Pct of Responses | Pct of Cases |
| （1）高校根据经济社会需要设置专业的自主权较小，积极性不高 | 1 | 64 | 21.4 | 61.5 |
| （2）专业设置上求大求全，专业设置失去严格而理性的控制 | 2 | 45 | 15.1 | 43.3 |
| （3）体现地方支柱产业和特色产业特性的专业设置较少，存在专业设置错位、重复等问题 | 3 | 69 | 23.1 | 66.3 |

○ **附录 3** 基于 SPSS 统计软件对高校学生工作老师填写的调研问卷分析

续表

| | | | | |
|---|---|---|---|---|
| （4）专业设置偏重文理工科，涉及特色生态农业的相关专业较少，缺乏办学特色 | 4 | 21 | 7.0 | 20.2 |
| （5）专业与课程设置、课程内容等方面存在着脱离生产与生活实际的问题 | 5 | 54 | 18.1 | 51.9 |
| （6）培养目标泛化，盲目设置专业和扩大招生，没有学科优势和竞争力 | 6 | 46 | 15.4 | 44.2 |
| Total responses | | 301 | 100.0 | 289.4 |

0 missing cases； 104 valid cases

从以上"专业设置存在主要问题"的频数分析表分析可知：在被调查的 104 名高校学生工作老师中，认为专业设置存在问题的具体情况如下：体现地方支柱产业和特色产业特性的专业设置较少，存在专业设置错位、重复等问题（23.1% 的选择率）；高校根据经济社会需要设置专业的自主权较小，积极性不高（21.4% 的选择率）；专业与课程设置、课程内容等方面存在着脱离生产和生活实际的问题（18.1% 的选择率）；培养目标泛化，盲目设置专业和扩大招生，没有学科优势和竞争力（15.4% 的选择率）；专业设置上求大求全，专业设置失去严格而理性的控制（15.1% 的选择率）；专业设置偏重文理工科，涉及特色生态农业的相关专业较少，缺乏办学特色（7.0% 的选择率）。

15. 您认为解决专业设置存在问题的办法：_____。（最多选 3 项）

（1）赋予高校一定的根据地方经济社会需要设置专业的权利

（2）建立对高校专业设置进行动态评估的机制

（3）严控高校专业设置，学科专业设置与就业率挂钩

（4）高校明确办学定位，创建学科和专业优势，服务区域经济社会发展

（5）优化课程体系建设，深化专业内涵建设

（6）整合资源，促进高校创新专业设置

（7）积极构建多渠道的高校发展支持体制

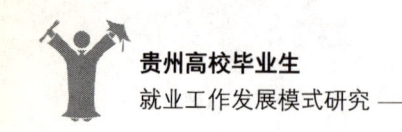

## 解决专业设置存在问题的办法 [p1]（Frequencies 分析）

| | | Frequency | Percent | Valid Percent | Cumulative Percent |
|---|---|---|---|---|---|
| Valid | （1）赋予高校一定的根据地方经济社会需要设置专业的权利 | 52 | 50.0 | 50.0 | 50.0 |
| | （2）建立对高校专业设置进行动态评估的机制 | 30 | 28.8 | 28.8 | 78.8 |
| | （3）严控高校专业设置，学科专业设置与就业率挂钩 | 16 | 15.4 | 15.4 | 94.2 |
| | （4）高校明确办学定位，创建学科和专业优势，服务区域经济社会发展 | 3 | 2.9 | 2.9 | 97.1 |
| | （5）优化课程体系建设，深化专业内涵建设 | 3 | 2.9 | 2.9 | 100.0 |
| | Total | 104 | 100.0 | 100.0 | |

## 解决专业设置存在问题的办法 [p2]（Frequencies 分析）

| | | Frequency | Percent | Valid Percent | Cumulative Percent |
|---|---|---|---|---|---|
| Valid | （2）建立对高校专业设置进行动态评估的机制 | 28 | 26.9 | 27.2 | 27.2 |
| | （3）严控高校专业设置，学科专业设置与就业率挂钩 | 18 | 17.3 | 17.5 | 44.7 |
| | （4）高校明确办学定位，创建学科和专业优势，服务区域经济社会发展 | 33 | 31.7 | 32.0 | 76.7 |
| | （5）优化课程体系建设，深化专业内涵建设 | 16 | 15.4 | 15.5 | 92.2 |
| | （6）整合资源，促进高校创新专业设置 | 8 | 7.7 | 7.8 | 100.0 |
| | Total | 103 | 99.0 | 100.0 | |
| Missing | System | 1 | 1.0 | | |
| | Total | 104 | 100.0 | | |

## 附录3　基于 SPSS 统计软件对高校学生工作老师填写的调研问卷分析

**解决专业设置存在问题的办法 [p3]（Frequencies 分析）**

| | | Frequency | Percent | Valid Percent | Cumulative Percent |
|---|---|---|---|---|---|
| Valid | （3）严控高校专业设置，学科专业设置与就业率挂钩 | 2 | 1.9 | 2.1 | 2.1 |
| | （4）高校明确办学定位，创建学科和专业优势，服务区域经济社会发展 | 19 | 18.3 | 20.0 | 22.1 |
| | （5）优化课程体系建设，深化专业内涵建设 | 25 | 24.0 | 26.3 | 48.4 |
| | （6）整合资源，促进高校创新专业设置 | 25 | 24.0 | 26.3 | 74.7 |
| | （7）积极构建多渠道的高校发展支持体制 | 24 | 23.1 | 25.3 | 100.0 |
| | Total | 95 | 91.3 | 100.0 | |
| Missing | System | 9 | 8.7 | | |
| Total | | 104 | 100.0 | | |

Group $JJZYWTB 解决专业设置存在问题的办法

| Category label | Code | Count | Pct of Responses | Pct of Cases |
|---|---|---|---|---|
| （1）赋予高校一定的根据地方经济社会需要设置专业的权利 | 1 | 52 | 17.2 | 50.0 |
| （2）建立对高校专业设置进行动态评估的机制 | 2 | 58 | 19.2 | 55.8 |
| （3）严控高校专业设置，学科专业设置与就业率挂钩 | 3 | 36 | 11.9 | 34.6 |
| （4）高校明确办学定位，创建学科和专业优势，服务区域经济社会发展 | 4 | 55 | 18.2 | 52.9 |
| （5）优化课程体系建设，深化专业内涵建设 | 5 | 44 | 14.6 | 42.3 |
| （6）整合资源，促进高校创新专业设置 | 6 | 33 | 10.9 | 31.7 |
| （7）积极构建多渠道的高校发展支持体制 | 7 | 24 | 7.9 | 23.1 |
| Total responses | | 301 | 100.0 | 289.4 |

0 missing cases；104 valid cases

从以上"解决专业设置存在问题的办法"的频数分析表分析可知：在被调查的 104 名高校学生工作老师中，认为解决所在学校专业设置存在问题的办法具体情况如下：55.8% 的被调查高校学生工作老师认为应建立对高校专业设置进行动态评估的机制（19.2% 的选择率）；52.9% 的被调查高校学生工作老师认为高校应明确办学定位，创建学科和专业优势，服务区域经济社会发展（18.2% 的选择率）；50.0% 的被调查高校学生工作老师认为应赋予高校一定的根据地方经济社会需要设置专业的权利（17.2% 的选择率）；42.3% 的被调查高校学生工作老师认为应优化课程体系建设，深化专业内涵建设（14.6% 的选择率）；34.6% 的被调查高校学生工作老师认为应严控高校专业设置，学科专业设置与就业率挂钩（11.9% 的选择率）；31.7% 的被调查高校学生工作老师认为应整合资源，促进高校创新专业设置（10.9% 的选择率）；23.1% 的被调查高校学生工作老师认为应积极构建多渠道的高校发展支持体制（7.9% 的选择率）。

16. 您认为面对日益严峻的就业形势，贵州高校毕业生就业工作急需具有哪些工作理念：_____。（可以多选）

（1）责任意识（2）全员化（3）全程化（4）市场意识

（5）质量意识（6）创新意识（7）专业化（8）以学生为本

Group $JXJYYS 面对日益严峻的就业形势，本校急需的工作理念

| Category label | Code | Count | Pct of Responses | Pct of Cases |
| --- | --- | --- | --- | --- |
| （1）责任意识 | 1 | 48 | 8.9 | 46.2 |
| （2）全员化 | 2 | 72 | 13.4 | 69.2 |
| （3）全程化 | 3 | 77 | 14.3 | 74.0 |
| （4）市场意识 | 4 | 51 | 9.5 | 49.0 |
| （5）质量意识 | 5 | 65 | 12.1 | 62.5 |
| （6）创新意识 | 6 | 73 | 13.6 | 70.2 |
| （7）专业化 | 7 | 68 | 12.6 | 65.4 |
| （8）以学生为本 | 8 | 84 | 15.6 | 80.8 |
| Total responses | | 538 | 100.0 | 517.3 |

0 missing cases; 104 valid cases

**附录3** 基于 SPSS 统计软件对高校学生工作老师填写的调研问卷分析

从以上"面对日益严峻的就业形势，本校急需的工作理念"的频数分析表分析可知，在被调查的 104 名高校学生工作老师中，认为面对日益严峻的就业形势，所在学校就业指导工作应急需的理念相关情况具体如下：第一，80.8% 的高校学生工作老师认为所在学校急需"以学生为本"的工作理念（15.6% 的选择率）；第二，74.0% 的高校学生工作老师认为所在学校急需"全程化"的工作理念（14.3% 的选择率）；第三，70.2% 的高校学生工作老师认为所在学校急需"创新意识"的工作理念（13.6% 的选择率）；第四，69.2% 的高校学生工作老师认为所在学校急需"全员化"的工作理念（13.4% 的选择率）；第五，65.4% 的高校学生工作老师认为所在学校急需"专业化"的工作理念（12.6% 的选择率）；第六，62.5% 的高校学生工作老师认为急需"质量意识"的工作理念（12.1% 的选择率）；第七，49.0% 的高校学生工作老师认为急需"市场意识"的工作理念（9.5% 的选择率）；第八，46.2% 的高校学生工作老师认为急需"责任意识"的工作理念（8.9% 的选择率）。

17. 您对高校就业指导工作有哪些更好的建议？

| | |
|---|---|
| 1 | 加大经费、人员、场地投入 |
| 2 | 多提供就业实习机会 |
| 3 | 多提供实践实习环节，使理论和实践很好地结合起来 |
| 4 | 根据市场需求调整专业设置 |
| 5 | 积极同往届毕业生建立紧密联系 |
| 6 | 加强学生专业能力和综合能力的培养；加强学校和就业市场的动态联系；建立个人追踪就业指导课程的开展；支持毕业生自主创业的相关就业政策的完善 |
| 7 | 建立完善的就业指导体制，给予更多的就业信息 |
| 8 | 将理论与实践相结合，多给学生实际的就业指导，让学生在学习理论的同时，能够真正地锻炼自己 |
| 9 | 紧跟市场需求，多提供就业信息，开展职业生涯规划教育，鼓励创业 |
| 10 | 就业指导老师与同学积极沟通交流 |
| 11 | 具备创新意识 |
| 12 | 实事求是，理论联系实际才能更好地进行高校就业指导工作 |

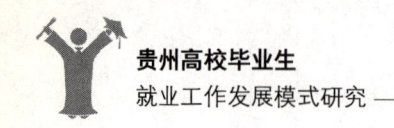

续表

| | |
|---|---|
| 13 | 提供更多的实习机会；就业指导课应具有吸引性、活泼性 |
| 14 | 提早开展就业指导工作，根据学生的专业特点、自身优势、市场需求，制定具有个性化的就业规划，并在后续的三年中进行重点培养与指导；就业指导课由专业老师指导 |
| 15 | 拓宽就业渠道，加强同党政机关、事业单位、企业的联系和沟通，为学生就业营造良好环境与氛围 |
| 16 | 希望所有专业课老师也能关注学生就业工作 |
| 17 | 希望学校加强与一些优秀企业的合作、交流，为学生多提供实践的机会，使学生多磨练，更早适应社会要求 |

# 附录4　基于SPSS统计软件对高校毕业班学生填写的调研问卷分析

第一部分：基本信息

1. 您就读学校名称：_____。

2. 所主修的专业：_____。

3. 您的性别：_____。

（1）男（2）女

**性别状况（Frequencies 分析）**

| | | Frequency | Percent | Valid Percent | Cumulative Percent |
|---|---|---|---|---|---|
| Valid | （1）男 | 398 | 56.4 | 56.4 | 56.4 |
| | （2）女 | 308 | 43.6 | 43.6 | 100.0 |
| | Total | 706 | 100.0 | 100.0 | |

从以上"性别状况"的频数分析表可知：在本次被调查的706名高校毕业班学生中，男性同学有398名，占56.4%；女性同学有308名，占43.6%。

4. 您的民族：_____。

（1）汉族（2）少数民族

**性别 * 民族（Crosstabulation 分析）**

| | | | 您的民族 | | 合计 |
|---|---|---|---|---|---|
| | | | （1）汉族 | （2）少数民族 | |
| 您的性别 | （1）男 | 数量 | 284 | 114 | 398 |
| | | 百分比 | 40.2 | 16.1 | 56.4 |
| | （2）女 | 数量 | 209 | 99 | 308 |
| | | 百分比 | 29.6 | 14.% | 43.6 |
| 合计 | | 数量 | 493 | 213 | 706 |
| | | 百分比 | 69.8 | 30.2 | 100.0 |

从以上"性别*民族"列联表分析可知：在本次被调查的706名高校毕业班学生中，男性同学有398名，占被调查的高校毕业班学生的56.4%；女性同学有308名，占43.6%。

其中被调查的汉族毕业学生共493名，占被调查毕业学生总数的69.8%。男性汉族学生284名，占被调查的毕业学生总数的40.2%；女性汉族学生209名，占被调查的毕业学生总数的29.6%。

其中被调查的少数民族毕业学生共213名，占被调查毕业学生总数的30.2%。男性少数民族学生114名，占被调查的毕业学生总数的16.1%；女性少数民族学生99名，占被调查的毕业学生总数的14.0%。

5. 您的学历：_____。

（1）专科（2）本科

**性别 * 学历（Crosstabulation 分析）**

| | | | 您的学历 | | 合计 |
|---|---|---|---|---|---|
| | | | （1）专科 | （2）本科 | |
| 您的性别 | （1）男 | 数量 | 2 | 396 | 398 |
| | | 百分比 | 0.3 | 56.1 | 56.4 |
| | （2）女 | 数量 | 1 | 307 | 308 |
| | | 百分比 | 0.1 | 43.5 | 43.6 |
| 合计 | | 数量 | 3 | 703 | 706 |
| | | 百分比 | 0.4 | 99.6 | 100.0 |

## 附录 4　基于 SPSS 统计软件对高校毕业班学生填写的调研问卷分析

从以上"性别*学历"列联表分析可知：本次被调查的 706 名高校毕业班学生，有 703 名本科学历的学生，占 99.6%（男性：396 名，占 56.1%；女性：307 名，43.5%）；有 3 名专科学历的学生，占 0.4%（男性：2 名，占 0.3%；女性：1 名，0.1%）。

6. 您目前的去向：_____。

（1）已确定单位（2）升学（国内）（3）出国、出境

（4）自主创业（5）正在寻找工作（待就业）（6）其他灵活就业

（7）其他暂不就业（8）其他（请说明）_____

**目前去向（Frequencies 分析）**

| | | Frequency | Percent | Valid Percent | Cumulative Percent |
|---|---|---|---|---|---|
| Valid | （1）已确定单位 | 310 | 43.9 | 43.9 | 43.9 |
| | （2）升学（国内） | 130 | 18.4 | 18.4 | 62.3 |
| | （3）出国、出境 | 9 | 1.3 | 1.3 | 63.6 |
| | （4）自主创业 | 19 | 2.7 | 2.7 | 66.3 |
| | （5）正在寻找工作（待就业） | 189 | 26.8 | 26.8 | 93.1 |
| | （6）其他灵活就业 | 22 | 3.1 | 3.1 | 96.2 |
| | （7）其他暂不就业 | 21 | 3.0 | 3.0 | 99.2 |
| | （8）其他（请说明） | 6 | 0.8 | 0.8 | 100.0 |
| | Total | 706 | 100.0 | 100.0 | |

从上面的"目前去向"的频数分析表得知：在本次被调查的 706 名高校毕业班学生中，43.9% 的被调查高校毕业班学生已经确定就业单位；26.8% 的被调查高校毕业班学生正在寻找工作；18.4% 的被调查高校毕业班学生升学（国内）；3.1% 的被调查高校毕业班学生选择灵活就业；3.0% 的被调查高校毕业班学生暂不就业；2.7% 的被调查高校毕业班学生自主创业；1.3% 的被调查高校毕业班学生选择出国、出境；0.8% 的被调查高校毕业班学生选择其他。

第二部分：就业期望

7. 您希望从事的是以下哪类工作：_____。（最多可以选择 3 项）

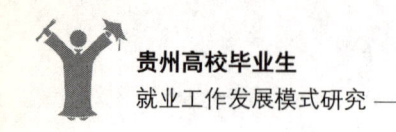

（1）行政管理工作（2）企业管理工作（3）专业技术工作
（4）服务工作（5）工人（6）教育
（7）金融（8）自主创业（9）其他

| Group $QWCSDGZ 期望从事的工作 | | | | |
|---|---|---|---|---|
| Category label | Code | Count | Pct of Responses | Pct of Cases |
| （1）行政管理工作 | 1 | 468 | 25.9 | 66.3 |
| （2）企业管理工作 | 2 | 466 | 25.8 | 66.0 |
| （3）专业技术工作 | 3 | 326 | 18.0 | 46.2 |
| （4）服务工作 | 4 | 55 | 3.0 | 7.8 |
| （5）工人 | 5 | 22 | 1.2 | 3.1 |
| （6）教育 | 6 | 179 | 9.9 | 25.4 |
| （7）金融 | 7 | 106 | 5.9 | 15.0 |
| （8）自主创业 | 8 | 167 | 9.2 | 23.7 |
| （9）其他 | 9 | 19 | 1.1 | 2.7 |
| Total responses | | 1808 | 100.0 | 256.1 |

0 missing cases ; 706 valid case

从以上"期望从事的工作"的频数分析表可知：在本次被调查的706名高校毕业班学生中，他们希望从事的工作类型具体结果如下：

第一，期望从事行政管理工作的被选率最高为25.9%；

第二，期望从事企业管理工作的被选率次之为25.8%；

第三，期望从事专业技术工作被选率为18.0%；

第四，期望从事教育工作被选率为9.9%；

第五，期望自主创业被选率为9.2%；

第六，期望从事金融工作被选率为5.9%；

第七，期望从事服务工作被选率为3.0%；

第八，期望从事工人的工作被选率为1.2%；

第九，期望从其他工作被选率为1.1%。

## 附录 4　基于 SPSS 统计软件对高校毕业班学生填写的调研问卷分析

```
                性别和期望从事的工作（Crosstabulation 分析）
M3 您的性别
by $QWCSGZ（group）期望从事的工作
            $QWCSGZ
        Count   （1）行政  （2）企业  （3）专技  （4）服务  （5）工人    Row
        Tab pct  管理工作   管理工作   术工作业    工作              Total
  M3              1         2         3         4         5
         1       269       272       216        25        20       1026
  (1)男         14.9      15.0      11.9       1.4       1.1       56.7
         2       199       194       110        30         2        782
  (2)女         11.0      10.7       6.1       1.7       0.1       43.3
       Column    468       466       326        55        22       1808
       Total    25.9      25.8      18.0       3.0       1.2      100.0
        Count   （6）教育  （7）金融  （8）自   （9）其他             Row
        Tab pct                     主创业                          Total
  M3              6         7         8         9
         1        64        45       103        12                 1026
  (1)男          3.5       2.5       5.7       0.7                 56.7
         2       115        61        64         7                  782
  (2)女          6.4       3.4       3.5       0.4                 43.3
       Column   179       106       167        19                 1808
       Total     9.9       5.9       9.2       1.1                100.0
Percents and totals based on responses
706 valid cases; 0 missing cases
```

男性毕业生期望从事的工作：

从以上"性别*期望从事的工作"的列联表分析可知：在本次被调查的 398 名高校毕业班男性学生中，他们希望从事的工作类型具体结果如下：

第一，选择期望从事企业管理工作的有 272 名男性被调查者；

第二，选择期望从事行政管理工作的有 269 名男性被调查者；

第三，选择期望从事专业技术工作的有 216 名男性被调查者；

第四，选择期望自主创业的有 103 名男性被调查者；

第五，选择期望从事教育工作的有 64 名男性被调查者；

第六，选择期望从事金融工作的有 45 名男性被调查者；

第七，选择期望从事服务工作的有 25 名男性被调查者；

第八，选择期望成为工人的有 20 名男性被调查者；

第九，选择期望从事其他工作的有 12 名男性被调查者。

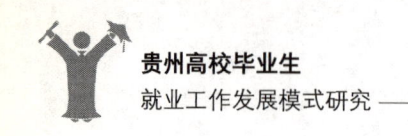

从以上"性别*期望从事的工作"的列联表分析可知：在本次被调查的308名高校毕业班女性学生中，她们希望从事的工作类型具体结果如下：

第一，选择期望从事行政管理工作的有199名女性被调查者；

第二，选择期望从事企业管理工作的有194名女性被调查者；

第三，选择期望从事教育工作的有115名女性被调查者；

第四，选择期望从事专业技术工作的有110名女性被调查者；

第五，选择期望自主创业的有64名女性被调查者；

第六，选择期望从事金融工作的有61名女性被调查者；

第七，选择期望从事服务工作的有30名女性被调查者；

第八，选择期望从事其他工作的有7名女性被调查者；

第九，选择期望成为工人的有2名女性被调查者。

8.您选择职业的最主要标准：_____。（最多可以选择3项）

（1）工作稳定性（2）工资和福利（3）单位的前景

（4）是否能发挥能力和个性（5）职业的社会地位

（6）个人兴趣与爱好（7）就业地区（8）社会关系与感情因素

Group $ZYBZ 选择职业的最主要标准

| Category label | Code | Count | Pct of Responses | Pct of Cases |
|---|---|---|---|---|
| （1）工作稳定性 | 1 | 298 | 15.3 | 42.2 |
| （2）工资和福利 | 2 | 451 | 23.2 | 63.9 |
| （3）单位的前景 | 3 | 352 | 18.1 | 49.9 |
| （4）是否能发挥能力和个性 | 4 | 297 | 15.2 | 42.1 |
| （5）职业的社会地位 | 5 | 107 | 5.5 | 15.2 |
| （6）个人兴趣与爱好 | 6 | 257 | 13.2 | 36.4 |
| （7）就业地区 | 7 | 132 | 6.8 | 18.7 |
| （8）社会关系与感情因素 | 8 | 54 | 2.8 | 7.6 |
| Total responses | | 1948 | 100.0 | 275 |

0 missing cases ; 706 valid cases

从以上"选择职业的最主要标准"的频数分析表分析可知：在本次被调查的706名高校毕业班学生中，他们选择职业的最主要标准具体结果如下：

## 附录 4　基于 SPSS 统计软件对高校毕业班学生填写的调研问卷分析

第一，"工资和福利"的选择率为 23.2%；

第二，"单位的前景"的选择率为 18.1%；

第三，"工作稳定性"的选择率为 15.3%；

第四，"是否能发挥能力和个性"的选择率为 15.2%；

第五，"个人兴趣与爱好"的选择率为 13.2%；

第六，"就业地区"的选择率为 6.8%；

第七，"职业的社会地位"的选择率为 5.5%；

第八，"社会关系与感情因素"的选择率为 2.8%。

性别和选择职业的标准（Crosstabulation 分析）

M3 您的性别
by $XZZYBZ（group）选择职业的最主要标准

| M3 | Count Tab pct | (1)工作稳定性 1 | (2)工资和福利 2 | (3)单位的前景 3 | (4)是否能发挥能力和个性 4 | (5)职业的社会地位 5 | Row Total |
|---|---|---|---|---|---|---|---|
| (1)男 | 1 | 144<br>20.4 | 259<br>36.7 | 207<br>29.3 | 188<br>26.6 | 70<br>9.9 | 398<br>56.4 |
| (2)女 | 2 | 154<br>21.8 | 192<br>27.2 | 145<br>20.5 | 109<br>15.4 | 37<br>5.2 | 308<br>43.6 |
| | Column Total | 298<br>42.2 | 451<br>63.9 | 352<br>49.9 | 297<br>42.1 | 107<br>15.2 | 706<br>100.0 |

| M3 | Count Tab pct | (6)个人兴趣与爱好 6 | (7)就业地区 7 | (8)社会关系与感情因素 8 | Row Total |
|---|---|---|---|---|---|
| (1)男 | 1 | 130<br>18.4 | 63<br>8.9 | 35<br>5.0 | 398<br>56.4 |
| (2)女 | 2 | 127<br>18.0 | 69<br>9.8 | 19<br>2.7 | 308<br>43.6 |
| | Column Total | 257<br>36.4 | 132<br>18.7 | 54<br>7.6 | 706<br>100.0 |

Percents and totals based on respondents
706 valid cases; 0 missing cases

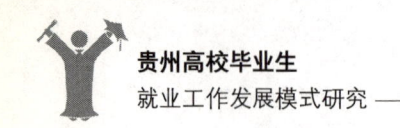

从以上"性别和选择职业的标准"的列联表分析可知：在本次被调查的 398 名高校毕业班男性学生中，他们选择职业的标准具体结果如下：

第一，选择工资和福利的有 259 名被调查高校毕业班男性学生；

第二，选择单位的前景的有 207 名被调查高校毕业班男性学生；

第三，选择是否能发挥能力和个性的有 188 名被调查高校毕业班男性学生；

第四，选择工作稳定性的有 144 名被调查高校毕业班男性学生；

第五，选择个人兴趣与爱好的有 130 名被调查高校毕业班男性学生；

第六，选择职业的社会地位的有 70 名被调查高校毕业班男性学生；

第七，选择就业地区的有 63 名被调查高校毕业班男性学生；

第八，选择社会关系与感情因素的有 35 名被调查高校毕业班男性学生。

从以上"性别和选择职业的标准"的列联表分析可知：在本次被调查的 308 名高校毕业班女性学生中，她们选择职业的标准具体结果如下：

第一，选择工资和福利的有 192 名被调查高校毕业班女性学生；

第二，选择工作稳定性的有 154 名被调查高校毕业班女性学生；

第三，选择单位的前景的有 145 名被调查高校毕业班女性学生；

第四，选择个人兴趣与爱好的有 127 名被调查高校毕业班女性学生；

第五，选择是否能发挥能力和个性的有 109 名被调查高校毕业班女性学生；

第六，选择就业地区的有 69 名被调查高校毕业班女性学生；

第七，选择职业的社会地位的有 37 名被调查高校毕业班女性学生；

第八，选择社会关系与感情因素的有 19 名被调查高校毕业班女性学生。

9. 您期望的就业起薪（税前）：_____。可以接受的最低起薪：_____。

（1）1500~2000 元（2）2000~3000 元（3）3000~4000 元

（4）4000~5000 元（5）5000 元以上

## 附录 4　基于 SPSS 统计软件对高校毕业班学生填写的调研问卷分析

**期望的月就业起薪（税前）（Frequencies 分析）**

| | | Frequency | Percent | Valid Percent | Cumulative Percent |
|---|---|---|---|---|---|
| Valid | （1）1500~2000 元 | 7 | 1.0 | 1.0 | 1.0 |
| | （2）2000~3000 元 | 154 | 21.8 | 21.8 | 22.8 |
| | （3）3000~4000 元 | 329 | 46.6 | 46.6 | 69.4 |
| | （4）4000~5000 元 | 114 | 16.1 | 16.1 | 85.6 |
| | （5）5000 元以上 | 102 | 14.4 | 14.4 | 100.0 |
| | Total | 706 | 100.0 | 100.0 | |

从以上"期望的就业月起薪（税前）"的频数分析表分析可知：46.6% 的被调查者期望月就业起薪为 3000~4000 元；21.8% 的被调查者期望月就业起薪为 2000~3000 元；16.1% 的被调查者期望月就业起薪为 4000~5000 元；14.4% 的被调查者期望月就业起薪为 5000 元以上；仅 1.0% 的被调查者期望月就业起薪为 1500~2000 元。

**可以接受的最低起薪（Frequencies 分析）**

| | | Frequency | Percent | Valid Percent | Cumulative Percent |
|---|---|---|---|---|---|
| Valid | （1）1500~2000 元 | 148 | 21.0 | 21.0 | 21.0 |
| | （2）2000~3000 元 | 454 | 64.3 | 64.3 | 85.3 |
| | （3）3000~4000 元 | 87 | 12.3 | 12.3 | 97.6 |
| | （4）4000~5000 元 | 15 | 2.1 | 2.1 | 99.7 |
| | （5）5000 元以上 | 2 | 0.3 | 0.3 | 100.0 |
| | Total | 706 | 100.0 | 100.0 | |

从以上"可以接受的最低起薪"的频数分析表分析可知：在 706 名被调查的高校毕业班学生中，64.3% 的被调查者可以接受的最低月就业起薪为 2000~3000 元；21.0% 的被调查者可以接受的最低月就业起薪为 1500~2000 元；12.3% 的被调查者可以接受的最低月就业起薪为 3000~4000 元；2.1% 的被调查者可以接受的最低月就业起薪为 4000~5000 元；0.3% 的被调查者可以接受的最低月就业起薪为 5000 元以上。

10. 您将主要向以下哪类单位求职？第一位：_____；第二位：_____；第三位：_____。

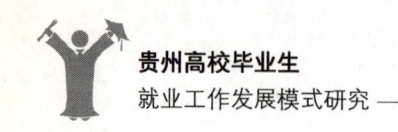

（1）政府机关（2）国有企业（3）高等学校（4）科研设计单位
（5）三资企业（6）金融单位（7）城镇社区（8）民营企业
（9）其他企业（10）自主创业

性别和主要求职单位类型（第一位）

M3 您的性别
by M12X1 您将主要向以下哪类单位求职？第一位

| | Count Tab pct | （1）政府机关 | （2）国有企业 | （3）高等学校 | （4）科研设计单位 | （5）三资企业 | Row Total |
|---|---|---|---|---|---|---|---|
| M3 | | 1 | 2 | 3 | 4 | 5 | |
| （1）男 | 1 | 204 | 94 | 13 | 27 | 12 | 398 |
| | | 28.9 | 13.3 | 1.8 | 3.8 | 1.7 | 56.4 |
| （2）女 | 2 | 136 | 64 | 47 | 15 | 7 | 308 |
| | | 19.3 | 9.1 | 6.7 | 2.1 | 1.0 | 43.6 |
| | Column Total | 340 | 158 | 60 | 42 | 19 | 706 |
| | | 48.2 | 22.4 | 8.5 | 5.9 | 2.7 | 100.0 |

| | Count Tab pct | （6）金融单位 | （7）城镇社区 | （8）民营企业 | （9）其他企业 | （10）自主创业 | Row Total |
|---|---|---|---|---|---|---|---|
| M3 | | 6 | 7 | 8 | 9 | 10 | |
| （1）男 | 1 | 15 | 1 | 9 | 1 | 22 | 398 |
| | | 2.1 | 0.1 | 1.3 | 0.1 | 3.1 | 56.4 |
| （2）女 | 2 | 23 | 1 | 6 | 1 | 8 | 308 |
| | | 3.3 | 0.1 | 0.8 | 0.1 | 1.1 | 43.6 |
| | Column Total | 38 | 2 | 15 | 2 | 30 | 706 |
| | | 5.4 | 0.3 | 2.1 | 0.3 | 4.2 | 100.0 |

Percents and totals based on responses
706 valid cases; 0 missing cases

从以上"性别和主要求职单位类型（第一位）"列联表分析可知：被调查的398名男性毕业生与308名女性毕业生在选择第一位求职单位类型时，有着明显的差异。

被调查的男性毕业生选择第一位求职单位类型情况如下：

第一，选择政府机关的男性毕业生有204名；

第二，选择国有企业的男性毕业生有94名；

第三，选择科研设计单位的男性毕业生有27名；

## 附录 4　基于 SPSS 统计软件对高校毕业班学生填写的调研问卷分析

第四，选择自主创业的男性毕业生有 22 名；

第五，选择金融单位的男性毕业生有 15 名；

第六，选择高等学校的男性毕业生有 13 名；

第七，选择三资企业的男性毕业生有 12 名；

第八，选择民营企业的男性毕业生有 9 名；

第九，选择其他企业、城镇社区的男性毕业生各有 1 名。

被调查的女性毕业生选择第一位求职单位类型情况如下：

第一，选择政府机关的女性毕业生有 136 名；

第二，选择国有企业的女性毕业生有 64 名；

第三，选择高等学校的女性毕业生有 47 名；

第四，选择金融单位的女性毕业生有 23 名；

第五，选择科研设计单位的女性毕业生有 15 名；

第六，选择自主创业的女性毕业生有 8 名；

第七，选择三资企业的女性毕业生有 7 名；

第八，选择民营企业的女性毕业生有 6 名；

第九，选择其他企业、城镇社区的女性毕业生各 1 名。

性别和主要求职单位类型（第二位）

M3 您的性别
by M12X2 您将主要向以下哪类单位求职？第二位

| Count Tab pct | M12X2 （1）政府机关 | （2）国有企业 | （3）高等学校 | （4）科研设计单位 | （5）三资企业 | Row Total |
|---|---|---|---|---|---|---|
| M3 | 1 | 2 | 3 | 4 | 5 | |
| 1 （1）男 | 48 6.8 | 167 23.7 | 52 7.4 | 55 7.8 | 11 1.6 | 398 56.4 |
| 2 （2）女 | 61 8.6 | 122 17.3 | 39 5.5 | 27 3.8 | 10 1.4 | 308 43.6 |
| Column Total | 109 15.4 | 289 40.9 | 91 12.9 | 82 11.6 | 21 3.0 | 706 100.0 |
| Count Tab pct | （6）金融单位 | （7）城镇社区 | （8）民营企业 | （9）其他企业 | （10）自主创业 | Row Total |

续表

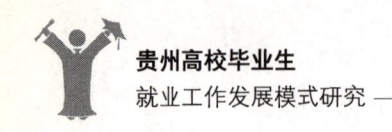

| M3 | | 6 | 7 | 8 | 9 | 10 | |
|---|---|---|---|---|---|---|---|
| （1）男 | 1 | 21 | 4 | 21 | 6 | 13 | 398 |
| | | 3.0 | 0.6 | 3.0 | 0.8 | 1.8 | 56.4 |
| （2）女 | 2 | 27 | 5 | 11 | 3 | 3 | 308 |
| | | 3.8 | 0.7 | 1.6 | 0.4 | 0.4 | 43.6 |
| | Column Total | 48 | 9 | 32 | 9 | 16 | 706 |
| | | 6.8 | 1.3 | 4.5 | 1.3 | 2.3 | 100.0 |

Percents and totals based on responses
706 valid cases ; 0 missing cases

从以上"性别和主要求职单位类型（第二位）"列联表分析可知：被调查的 398 名男性毕业生与 308 名女性毕业生在选择第二位求职单位类型时，有着明显的差异。

被调查的男性毕业生选择第二位求职单位类型情况如下：

第一，选择国有企业的男性毕业生有 167 名；

第二，选择科研设计单位的男性毕业生有 55 名；

第三，选择高等学校的男性毕业生有 52 名；

第四，选择政府机关的男性毕业生有 48 名；

第五，选择民营企业、金融单位的男性毕业生各 21 名；

第六，选择自主创业的男性毕业生有 13 名；

第七，选择三资企业的男性毕业生有 11 名；

第八，选择其他企业的男性毕业生有 6 名；

第九，选择城镇社区的男性毕业生有 4 名。

被调查的女性毕业生选择第二位求职单位类型情况如下：

第一，选择国有企业的女性毕业生有 122 名；

第二，选择政府机关的女性毕业生有 61 名；

第三，选择高等学校的女性毕业生有 39 名；

第四，选择科研设计单位、金融单位的女性毕业生各 27 名；

第五，选择民营企业的女性毕业生有 11 名；

第六，选择三资企业的女性毕业生有 10 名；

第七，选择城镇社区的女性毕业生有 5 名；

第八，选择自主创业、其他企业的女性毕业生各 3 名。

```
                        性别和主要求职单位类型（第三位）
M3 您的性别
by M12X3 您将主要向以下哪类单位求职？第三位
                M12X3
        Count   （1）政府  （2）国有  （3）高等  （4）科研设  （5）三资  Row
        Tab pct   机关      企业      学校      计单位      企业      Total
M3                1         2         3         4         5
         1        29        33        60        38        34        398
（1）男           4.1       4.7       8.5       5.4       4.8       56.4
         2        44        35        52        29        24        308
（2）女           6.2       5.0       7.4       4.1       3.4       43.6
        Column    73        68        112       67        58        706
        Total     10.3      9.6       15.9      9.5       8.2       100.0
        Count   （6）金融  （7）城    （8）民   （9）其他  （10）自   Row
        Tab pct   单位     镇社区    营企业     企业     主创业     Total
M3                6         7         8         9         10
         1        38        17        45        19        85        398
（1）男           5.4       2.4       6.4       2.7       12.0      56.4
         2        29        13        27        14        41        308
（2）女           4.1       1.8       3.8       2.0       5.8       43.6
        Column    67        30        72        33        126       706
        Total     9.5       4.2       10.2      4.7       17.8      100.0
Percents and totals based on responses
706 valid cases; 0 missing cases
```

从以上"性别和主要求职单位类型（第三位）"列联表分析可知：被调查的 398 名男性毕业生与 308 名女性毕业生在选择第三位求职单位类型时，有着明显的差异。

被调查的男性毕业生选择第三位求职单位类型情况如下：

第一，选择自主创业的男性毕业生有 85 名；

第二，选择高等学校的男性毕业生有 60 名；

第三，选择民营企业的男性毕业生有 45 名；

第四，选择科研设计单位、金融单位的男性毕业生各有 38 名；

第五，选择三资企业的男性毕业生有 34 名；

第六，选择国有企业的男性毕业生有 33 名；

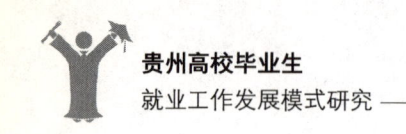

第七，选择政府机关的男性毕业生有 29 名；

第八，选择其他企业的男性毕业生有 19 名；

第九，选择城镇社区的男性毕业生有 17 名。

被调查的女性毕业生选择第三位求职单位类型情况如下：

第一，选择高等学校的女性毕业生有 52 名；

第二，选择政府机关的女性毕业生有 44 名；

第三，选择自主创业的女性毕业生有 41 名；

第四，选择国有企业的女性毕业生有 35 名；

第五，选择科研设计单位、金融单位的女性毕业生各有 29 名；

第六，选择民营企业的女性毕业生有 27 名；

第七，选择三资企业的女性毕业生有 24 名；

第八，选择其他企业的女性毕业生有 14 名；

第九，选择城镇社区的女性毕业生有 13 名。

综合以上结论，可知：被调查的 398 名男性毕业生选择求职单位类型依次为：政府机关、国有企业、自主创业；被调查的 308 名女性毕业生选择求职单位类型时依次为：政府机关、国有企业、高等学校。

11. 您理想的工作区域：_____。

（1）沿海（2）东部（3）中部（4）西部

希望层次：_____。

（1）省份城市或直辖市（2）地级市（3）县级市或县城（4）乡镇

**性别 * 理想的工作区域（Crosstabulation 分析）**

| | | | 您理想的工作区域 | | | | 合计 |
|---|---|---|---|---|---|---|---|
| | | | （1）沿海 | （2）东部 | （3）中部 | （4）西部 | |
| 您的性别 | （1）男 | 数量 | 129 | 98 | 71 | 100 | 398 |
| | | 百分比 | 18.3 | 13.9 | 10.1 | 14.2 | 56.4 |
| | （2）女 | 数量 | 110 | 72 | 49 | 77 | 308 |
| | | 百分比 | 15.6 | 10.2 | 6.9 | 10.9 | 43.6 |
| 合计 | | 数量 | 239 | 170 | 120 | 177 | 706 |
| | | 百分比 | 33.9 | 24.1 | 17.0 | 25.1 | 100.0 |

## 附录 4　基于 SPSS 统计软件对高校毕业班学生填写的调研问卷分析

从以上"性别 * 理想的工作区域"的列联表分析可知：

在 398 名被调查的高校毕业班男性学生中，首先选择"沿海"为理想的工作区域的有 129 名男性毕业生，占被调查者总人数的 18.3%；选择"西部"为理想的工作区域的有 100 名男性毕业生，占被调查者总人数的 14.2%；选择"东部"为理想的工作区域的有 98 名男性毕业生，占被调查者总人数的 13.9%；选择"中部"为理想的工作区域的有 71 名男性毕业生，占被调查者总人数的 10.1%。

在 308 名被调查的高校毕业班女性学生中，首先选择"沿海"为理想的工作区域的有 110 名女性毕业生，占被调查者总人数的 15.6%；选择"西部"为理想的工作区域的有 77 名女性毕业生，占被调查者总人数的 10.9%；选择"东部"为理想的工作区域的有 72 名女性毕业生，占被调查者总人数的 10.2%；选择"中部"为理想的工作区域的有 49 名女性毕业生，占被调查者总人数的 6.9%。

综上所述，706 名被调查的高校毕业班学生绝大多数首选"沿海"地区作为理想的工作区域，其次为"西部"地区，第三为"东部"地区，第四为"中部"地区（如"理想的工作区域"所示）。

**理想的工作区域（Frequencies 分析）**

|  |  | Frequency | Percent | Valid Percent | Cumulative Percent |
|---|---|---|---|---|---|
| Valid | （1）沿海 | 239 | 33.9 | 33.9 | 33.9 |
|  | （2）东部 | 170 | 24.1 | 24.1 | 57.9 |
|  | （3）中部 | 120 | 17.0 | 17.0 | 74.9 |
|  | （4）西部 | 177 | 25.1 | 25.1 | 100.0 |
|  | Total | 706 | 100.0 | 100.0 |  |

**性别 * 希望层次（Crosstabulation 分析）**

|  |  |  | 希望层次 |  |  |  | 合计 |
|---|---|---|---|---|---|---|---|
|  |  |  | （1）省份城市或直辖市 | （2）地级市 | （3）县级市或县城 | （4）乡镇 |  |
| 您的性别 | （1）男 | 数量 | 251 | 109 | 34 | 4 | 398 |
|  |  | 百分比 | 35.6 | 15.4 | 4.8 | 0.6 | 56.4 |
|  | （2）女 | 数量 | 216 | 69 | 20 | 3 | 308 |
|  |  | 百分比 | 30.6 | 9.8 | 2.8 | 0.4 | 43.6 |
| 合计 |  | 数量 | 467 | 178 | 54 | 7 | 706 |
|  |  | 百分比 | 66.1 | 25.2 | 7.6 | 1.0 | 100.0 |

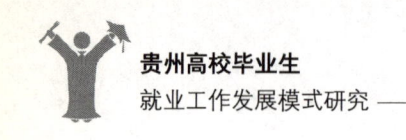

从以上"性别*希望层次"的列联表分析可知：

在398名被调查的高校毕业班男性学生中，首先选择"省份城市或直辖市"为希望的工作城市层次的有251名男性毕业生，占被调查者总人数的35.6%；第二，选择"地级市"为希望的工作城市层次的有109名男性毕业生，占被调查者总人数的15.4%；第三，选择"县级市或县城"为希望的工作城市层次的有34名男性毕业生，占被调查者总人数的4.8%；第四，选择"乡镇"为希望的工作城市层次的有4名男性毕业生，占被调查者总人数的0.6%。

在308名被调查的高校毕业班女性学生中，首先选择"省份城市或直辖市"为希望的工作城市层次的有216名女性毕业生，占被调查者总人数的30.6%；第二，选择"地级市"为希望的工作城市层次的有69名女性毕业生，占被调查者总人数的9.8%；第三，选择"县级市或县城"为希望的工作城市层次的有20名女性毕业生，占被调查者总人数的2.8%；第四，选择"乡镇"为希望的工作城市层次的有3名女性毕业生，占被调查者总人数的0.4%。

综上所述，706名被调查的高校毕业班学生绝大多数依次选择"省份城市或直辖市""地级市""县级市或县城""乡镇"作为自己希望的工作城市层次（如"希望城市层次"所示）。

**希望城市层次（Frequencies 分析）**

|  |  | Frequency | Percent | Valid Percent | Cumulative Percent |
|---|---|---|---|---|---|
| Valid | （1）省份城市或直辖市 | 467 | 66.1 | 66.1 | 66.1 |
|  | （2）地级市 | 178 | 25.2 | 25.2 | 91.4 |
|  | （3）县级市或县城 | 54 | 7.6 | 7.6 | 99.0 |
|  | （4）乡镇 | 7 | 1.0 | 1.0 | 100.0 |
|  | Total | 706 | 100.0 | 100.0 |  |

第三部分：求职过程

12. 您认为就业指导应该从什么时候开始最合适：_____。

（1）大四（2）大三（3）大二（4）大一（5）其他

## 附录 4  基于 SPSS 统计软件对高校毕业班学生填写的调研问卷分析

**就业指导最合适的开始时间（Frequencies 分析）**

| | | Frequency | Percent | Valid Percent | Cumulative Percent |
|---|---|---|---|---|---|
| Valid | （1）大四 | 44 | 6.2 | 6.2 | 6.2 |
| | （2）大三 | 275 | 39.0 | 39.0 | 45.2 |
| | （3）大二 | 185 | 26.2 | 26.2 | 71.4 |
| | （4）大一 | 198 | 28.0 | 28.0 | 99.4 |
| | （5）其他 | 4 | 0.6 | 0.6 | 100.0 |
| | Total | 706 | 100.0 | 100.0 | |

从以上"就业指导最合适的开始时间"的频数分析表可知：首先认为"大三"为就业指导最合适的开始时间的有 275 名被调查者，占被调查总人数的 39.0%；认为"大一"为就业指导最合适的开始时间的有 198 名被调查者，占被调查总人数的 28.0%；认为"大二"为就业指导最合适的开始时间的有 185 名被调查者，占被调查总人数的 26.2%；认为"大四"为就业指导最合适的开始时间的有 44 名被调查者，占被调查总人数的 6.2%。

13. 您学校担任就业指导课程的老师是哪些人：_____。

（1）辅导员及其他学生工作人员（2）学科专业老师（3）外聘人员

（4）学校其他部门行政人员（5）其他兼职人员

**担任就业指导课程的老师类型（Frequencies 分析）**

| | | Frequency | Percent | Valid Percent | Cumulative Percent |
|---|---|---|---|---|---|
| Valid | （1）辅导员及其他学生工作人员 | 412 | 58.4 | 58.4 | 58.4 |
| | （2）学科专业老师 | 187 | 26.5 | 26.5 | 84.8 |
| | （3）外聘人员 | 20 | 2.8 | 2.8 | 87.7 |
| | （4）学校其他部门行政人员 | 82 | 11.6 | 11.6 | 99.3 |
| | （5）其他兼职人员 | 5 | 0.7 | 0.7 | 100.0 |
| | Total | 706 | 100.0 | 100.0 | |

从以上"担任就业指导课程的老师类型"的频数分析表分析可知：在被调查的 706 名高校毕业班学生中，选择"辅导员及其他学生工作人

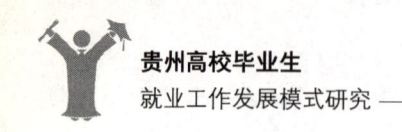

员"为所在学校主要的就业指导课程老师的有412名被调查者，占被调查者总数的58.4%；选择"学科专业老师"为所在学校主要的就业指导课程老师的有187名被调查者，占被调查者总数的26.5%；选择"学校其他部门行政人员"为所在学校主要的就业指导课程老师的有82名被调查者，占被调查者总数的11.6%；选择"外聘人员"为所在学校主要的就业指导课程老师的有20名被调查者，占被调查者总数的2.8%；选择"其他兼职人员"为所在学校主要的就业指导课程老师的有5名被调查者，占被调查者总数的0.7%。

14. 您认为就业指导老师的办事能力_____；服务水平_____。

（1）非常满意（2）满意（3）比较满意（4）不满意

**就业指导老师的办事能力评价（Frequencies 分析）**

| | | Frequency | Percent | Valid Percent | Cumulative Percent |
|---|---|---|---|---|---|
| Valid | （1）非常满意 | 19 | 2.7 | 2.7 | 2.7 |
| | （2）满意 | 115 | 16.3 | 16.3 | 19.0 |
| | （3）比较满意 | 255 | 36.1 | 36.1 | 55.1 |
| | （4）不满意 | 317 | 44.9 | 44.9 | 100.0 |
| | Total | 706 | 100.0 | 100.0 | |

从以上"就业指导老师的办事能力评价"的频数分析表分析可知：首选持"不满意"态度的被调查者（317名，占44.9%）远多于持"满意"（115名，占16.3%）、"非常满意"（19名，占2.7%）态度的被调查者；其次为持"比较满意"态度的被调查者，有255名，占被调查者总数的36.1%。

**就业指导老师的服务水平评价（Frequencies 分析）**

| | | Frequency | Percent | Valid Percent | Cumulative Percent |
|---|---|---|---|---|---|
| Valid | （1）非常满意 | 20 | 2.8 | 2.8 | 2.8 |
| | （2）满意 | 117 | 16.6 | 16.6 | 19.4 |
| | （3）比较满意 | 242 | 34.3 | 34.3 | 53.7 |
| | （4）不满意 | 327 | 46.3 | 46.3 | 100.0 |
| | Total | 706 | 100.0 | 100.0 | |

## 附录4　基于SPSS统计软件对高校毕业班学生填写的调研问卷分析

从以上"就业指导老师的服务水平评价"的频数分析表分析可知：首选持"不满意"态度的被调查者（327名，占46.3%）远多于持"满意"（117名，占16.6%）、"非常满意"（20名，占2.8%）态度的被调查者；其次为持"比较满意"态度的被调查者，有242名，占被调查者总数的34.3%。

15. 如果您已获得工作，主要信息途径来源：_____。（最多可以选择3项）

（1）学校就业指导机构发布的需求信息（2）从职业介绍机构获得的信息

（3）从企业得到的书面招聘广告（4）专门性的人才招聘信息刊物

（5）在人才洽谈会获得的信息（6）新闻媒介的零散招聘广告

（7）父母、亲戚介绍的信息（8）朋友或熟人介绍的信息

（9）网络招聘信息（10）实习单位提供的信息

Group $SYXXTJ 使用信息的主要途径

| Category label | Code | Count | Pct of Responses | Pct of Cases |
|---|---|---|---|---|
| （1）学校就业指导机构发布的需求信息 | 1 | 436 | 22.3 | 61.8 |
| （2）从职业介绍机构获得的信息 | 2 | 98 | 5.0 | 13.9 |
| （3）从企业得到的书面招聘广告 | 3 | 65 | 3.3 | 9.2 |
| （4）专门性的人才招聘信息刊物 | 4 | 96 | 4.9 | 13.6 |
| （5）在人才洽谈会获得的信息 | 5 | 62 | 3.2 | 8.8 |
| （6）新闻媒介的零散招聘广告 | 6 | 135 | 6.9 | 19.1 |
| （7）父母、亲戚介绍的信息 | 7 | 211 | 10.8 | 29.9 |
| （8）朋友或熟人介绍的信息 | 8 | 286 | 14.6 | 40.5 |
| （9）网络招聘信息 | 9 | 493 | 25.2 | 69.8 |
| （10）实习单位提供的信息 | 10 | 72 | 3.7 | 10.2 |
| Total responses | | 1954 | 100.0 | 276.8 |

0 missing cases；706 valid cases

从以上"使用信息的主要途径"频数分析表分析可知：被调查的706名高校毕业班学生使用信息的前五个主要途径如下：

第一，认为使用"网络招聘信息"为自己主要的获取信息途径的被调

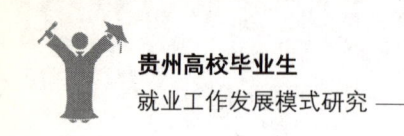

查者有 493 人，占被调查者总数的 69.8%；

第二，认为使用"学校就业指导机构发布的需求信息"为自己主要的获取信息途径的被调查者有 436 人，占被调查者总数的 61.8%；

第三，认为使用"朋友或熟人介绍的信息"为自己主要的获取信息途径的被调查者有 286 人，占被调查者总数的 40.5%；

第四，认为使用"父母、亲戚介绍的信息"为自己主要的获取信息途径的被调查者有 211 人，占被调查者总数的 29.9%；

第五，认为使用"新闻媒介的零散招聘广告"为自己主要的获取信息途径的被调查者有 135 人，占被调查者总数的 19.1%。

16. 您认为毕业生就业指导应大力加强哪些内容：_____。（最多可以选择 3 项）

（1）就业个性化指导服务（2）提供更多就业信息（3）举办专题讲座

（4）调整就业期望值（5）职业生涯规划（6）就业形势与政策指导

（7）就业心理指导（8）模拟招聘（9）实习机会

（10）素质拓展（11）其他（请说明）_____

Group $DLJQLR 应大力加强的就业指导内容

| Category label | Code | Count | Pct of Responses | Pct of Cases |
|---|---|---|---|---|
| （1）就业个性化指导服务 | 1 | 431 | 21.3 | 61.0 |
| （2）提供更多就业信息 | 2 | 121 | 6.0 | 17.1 |
| （3）举办专题讲座 | 3 | 70 | 3.5 | 9.9 |
| （4）调整就业期望值 | 4 | 184 | 9.1 | 26.1 |
| （5）职业生涯规划 | 5 | 282 | 13.9 | 39.9 |
| （6）就业形势与政策指导 | 6 | 142 | 7.0 | 20.1 |
| （7）就业心理指导 | 7 | 104 | 5.1 | 14.7 |
| （8）模拟招聘 | 8 | 271 | 13.4 | 38.4 |
| （9）实习机会 | 9 | 306 | 15.1 | 43.3 |
| （10）素质拓展 | 10 | 113 | 5.6 | 16.0 |
| Total responses | | 2024 | 100.0 | 286.7 |

0 missing cases； 706 valid cases

## 附录 4  基于 SPSS 统计软件对高校毕业班学生填写的调研问卷分析

从以上"应大力加强的就业指导内容"频数分析表分析可知：被调查的 706 名高校毕业班学生认为毕业生就业指导应大力加强的内容具体结果如下所示：

第一，选择"就业个性化指导服务"应该为毕业生就业指导大力加强的内容的被调查者有 431 人，占被调查者总数的 61.0%；

第二，选择"实习机会"应该为毕业生就业指导大力加强的内容的被调查者有 306 人，占被调查者总数的 43.3%；

第三，选择"职业生涯规划"应该为毕业生就业指导大力加强的内容的被调查者有 282 人，占被调查者总数的 39.9%；

第四，选择"模拟招聘"应该为毕业生就业指导大力加强的内容的被调查者有 271 人，占被调查者总数的 38.4%；

第五，选择"调整就业期望值"应该为毕业生就业指导大力加强的内容的被调查者有 184 人，占被调查者总数的 26.1%；

第六，选择"就业形势与政策指导"应该为毕业生就业指导大力加强的内容的被调查者有 142 人，占被调查者总数的 20.1%；

第七，选择"提供更多就业信息"应该为毕业生就业指导大力加强的内容的被调查者有 121 人，占被调查者总数的 17.1%；

第八，选择"素质拓展"应该为毕业生就业指导大力加强的内容的被调查者有 113 人，占被调查者总数的 16.0%；

第九，选择"就业心理指导"应该为毕业生就业指导大力加强的内容的被调查者有 104 人，占被调查者总数的 14.7%；

第十，选择"举办专题讲座"应该为毕业生就业指导大力加强的内容的被调查者有 70 人，占被调查者总数的 9.9%。

17. 您对高校就业指导工作有哪些更好的建议？

| | |
|---|---|
| 1 | 按照市场需求设置专业，取消冷门专业 |
| 2 | 帮助学生能够更清晰地认识自己以及更好地定位自己 |
| 3 | 不能为了一味追求就业率而促使学生就业，学校应努力地帮助学生进一步了解企业和学生自己 |
| 4 | 采用多样化的宣传渠道，信息发布及时、准确 |
| 5 | 除了提供理论指导外，应当再创造更多的让学生实践的机会，同时也应当帮助学生了解自己，认识自己 |
| 6 | 从大一就开始就业指导的工作，让学生明确自身的定位 |
| 7 | 端正服务态度 |
| 8 | 对每个学生进行科学、合理评估，给予个性化的意见 |
| 9 | 多给学生提供实践机会 |
| 10 | 多加强与外在企业的联系，及时提供就业信息 |
| 11 | 多开设就业指导及相关就业培训，提高在校生的社会经验及社会实践能力，体现学生的自我实现价值 |
| 12 | 多开设就业指导课 |
| 13 | 多开设相关的讲座；多请专业人士对这方面进行培训；积极与学生交流、沟通，以及多渠道宣传就业信息 |
| 14 | 多开设一些就业方面的讲座 |
| 15 | 多渠道为学生提供就业信息，并做出相应的指导 |
| 16 | 多提供就业或实习实践机会 |
| 17 | 多提供就业信息 |
| 18 | 多提供就业信息，完善信息平台。多方面提供国家机关、各类企业的招考招聘信息 |
| 19 | 多提供就业信息；开设职业生涯规化指导课程 |
| 20 | 多提供就业指导 |
| 21 | 多提供就业指导，帮助学生进行职业生涯规划 |
| 22 | 多提供签就业合同时应该注意的事项 |
| 23 | 多提供实践的机会 |
| 24 | 多提供实习的机会 |
| 25 | 多提供实习机会 |
| 26 | 多提供实习机会、模拟实验，加强与社会的合作，为学生提供兼职机会 |
| 27 | 多提供实习机会和创业机会 |

## 附录 4  基于 SPSS 统计软件对高校毕业班学生填写的调研问卷分析

续表

| | |
|---|---|
| 28 | 多提供一些实际操作平台，开创一些像"职来职往"的活动工作，提高学生们的应聘素质 |
| 29 | 多提供有关就业心理指导 |
| 30 | 多提供指导培训，增加学生实践经验 |
| 31 | 多同用人单位建立紧密的联系；学校人才培养应紧密结合市场需求，改革人才培养制度 |
| 32 | 多途径宣传就业信息；就业指导应该对职业生涯有一个很好的规划并且具体实施好 |
| 33 | 多与学生交流，提供更多的有关就业信息 |
| 34 | 多与知名企业合作，给毕业生创造更多便捷的就业机会 |
| 35 | 多召开省外优秀企业的招聘会 |
| 36 | 改革教育机制，改革人才培养模式 |
| 37 | 改进教育体系，调整人才培养模式，完善大学生就业指导体系；政府应积极促进用人单位增加就业岗位 |
| 38 | 改进教育体系，调整人才培养模式，完善学生就业指导体系，加强与社会力量的合作，关注大学生就业 |
| 39 | 高校开设专业课程要尽量与市场需求结合，就业指导课程要与实际结果相结合 |
| 40 | 高校应多加强就业指导工作，较早帮助学生了解或接触这方面的信息，以便更好更有针对性的进行自己的人生规划和职业规划，以便较快地适应市场需求 |
| 41 | 给学生提供更多的实战锻炼平台，提供更多的实践机会，提高学生的综合素质 |
| 42 | 给应届毕业生提供更多的就业选择机会 |
| 43 | 根据社会需求设置相关专业 |
| 44 | 根据社会需求设置专业，加强学校和企业合作 |
| 45 | 更多地与学生沟通 |
| 46 | 根据就业结果，合理调配招收男女生的比例 |
| 47 | 更早开设就业指导课程 |
| 48 | 鼓励创业，帮助创业 |
| 49 | 积极主动加强与企业之间的交流、沟通，建设本校特色专业 |
| 50 | 积极主动加强与学生的交流、沟通 |
| 51 | 及时传达招聘信息，帮助待就业的毕业生联系实习单位 |
| 52 | 及时发布就业信息 |
| 53 | 及时提供就业信息 |

续表

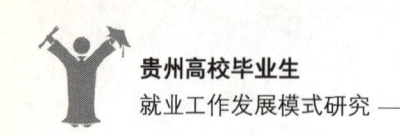

| | |
|---|---|
| 54 | 加大就业信息的宣传力度，提供更多的实习机会 |
| 55 | 加大就业指导的人、财、物的投入 |
| 56 | 加大政策的实施力度 |
| 57 | 加强毕业应聘能力的培训；开办创业培训或课程讲座 |
| 58 | 加强大学生心理及身心素质教育 |
| 59 | 加强对毕业生招聘信息的宣传 |
| 60 | 加强对创业团队的指导 |
| 61 | 加强对新生的职业规划进行协助，帮助他们树立与职业相符的目标；多组织关于提高面试技巧的讲座及课程，克服毕业生对就业面试的恐惧；学校就业网多提供关于招聘的相关信息 |
| 62 | 加强对学生的关注，帮助学生树立良好的信心 |
| 63 | 加强对学生的交流与沟通，增进了解 |
| 64 | 加强对学生就业指导工作力度；帮助学生了解个人工作需求；及时提供更多相关就业工作信息 |
| 65 | 加强分类就业指导、有针对性地开展模拟就业活动 |
| 66 | 加强高校与企业联系 |
| 67 | 加强就业信息的宣传 |
| 68 | 加强就业信息收集，提供个性化就业指导 |
| 69 | 加强就业指导课的实用性 |
| 70 | 加强就业指导以及改进就业指导的教学方式 |
| 71 | 加强学生职业生涯规划，从其不足之处开始，提高其综合素质及能力 |
| 72 | 加强学生自我认识能力的培养；赋予高校一定的办学自主权，减少行政干预；加强校企之间的紧密合作 |
| 73 | 加强学校和学院就业工作的紧密联系，明确两者间的工作责任 |
| 74 | 加强学校同企业之间的合作 |
| 75 | 加强学校同用人单位的交流沟通，争取优秀大学生面试工作的机制；增加针对大学生专业的职位空缺，实行大学生竞争上岗，减少与社会的竞争压力 |
| 76 | 加强应聘面试技能的培训，提供就业实践的机会 |
| 77 | 加强与企业合作，为高校生提供更多的实践平台，积累工作经验 |
| 78 | 加强职业生涯规划；开设能增强学生综合素质的课程 |
| 79 | 加强专业辅导，加强理论知识与实践结合 |

## 附录 4　基于 SPSS 统计软件对高校毕业班学生填写的调研问卷分析

续表

| | |
|---|---|
| 80 | 建议多给毕业生讲解相关创业政策和就业政策，让毕业生尽可能早地了解目前的就业创业结果 |
| 81 | 建议在大二、大三开展就业指导 |
| 82 | 将就业政策具体落实到位 |
| 83 | 较早开设职业生涯规划和就业指导课程，多举办一些有关就业方面的讲座或报告，让学生及时了解就业方面的信息 |
| 84 | 就业信息分类、及时、有针对性 |
| 85 | 就业政策应该更加清晰透明 |
| 86 | 就业指导的时间可适当提前，多提供就业实践的机会 |
| 87 | 就业指导工作宜尽早开展 |
| 88 | 就业指导工作真正落到实处 |
| 89 | 就业指导应从大一时就开始加强；分专业，提供专项指导 |
| 90 | 就业指导应该更早、更具体 |
| 91 | 开办创业培训班，提供创业实践场地和资金 |
| 92 | 开发学生的自主创新能力 |
| 93 | 开设就业实践课程，培养学生实践应用能力 |
| 94 | 开设就业心理指导和应聘技巧课程；与外界企业合作增加学生的实习机会，增强学生的实战经验 |
| 95 | 开设模拟面试课程指导和职业规划教育 |
| 96 | 开设与社会就业紧密相关的课程 |
| 97 | 开展学生职业规划能力培训；多引进优秀企业的宣讲 |
| 98 | 快、精、准的发布招聘就业信息以便使毕业生及时知晓 |
| 99 | 扩大信息交流，改变学生就业观念 |
| 100 | 努力提高教学质量 |
| 101 | 努力争取和吸引一些知名企业来学校招生，同时鼓励低年级学生参与到就业指导工作之中，明确自己的职业定位 |
| 102 | 培养学生的动手能力，提供就业实践的机会 |
| 103 | 培养学生社会交际能力 |
| 104 | 期望学校能够将不同专业对口的工作分类列出，给予同学们更清晰的就业选择 |
| 105 | 让理论与实践相结合，更善教学模式，使其更适合就业 |
| 106 | 任课老师可做出一些专业指导 |

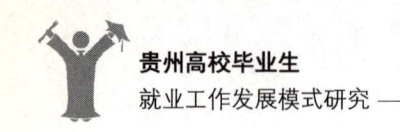

续表

| | |
|---|---|
| 107 | 提高服务水平，并且更加人性化 |
| 108 | 提高工作效率，态度和蔼，以学生为中心，更加人性化、科学化 |
| 109 | 提高教学质量，加强与企业的沟通、交流，增强学生实践能力 |
| 110 | 提高教学质量，以便提高学生综合素质；提供最快捷、最有效的相关信息；政府部门应建立健全大学生就业保护政策 |
| 111 | 提高学生的实践能力 |
| 112 | 提高学生的整体竞争力，培养实践能力 |
| 113 | 提高学校的教学能力 |
| 114 | 提高学校的整体竞争优势，加强学校与企业的交流沟通，多提供实习机会 |
| 115 | 提供创业场地与资金，多提供就业信息 |
| 116 | 提供个性化的就业指导服务 |
| 117 | 提供个性化的就业指导课程，优化就业政策 |
| 118 | 提供个性化就业指导服务 |
| 119 | 提供更多的建议和就业指导 |
| 120 | 提供更多的就业机会 |
| 121 | 提供更多的就业机会，培养大学生的实践能力 |
| 122 | 提供更多的就业机会；追踪帮助学生与企业之间的工作事宜 |
| 123 | 提供更多的就业培训和就业信息 |
| 124 | 提供更多的就业实习机会 |
| 125 | 提供更多的就业信息 |
| 126 | 提供更多的就业信息，提高就业指导在就业过程中的作用；并且进行就业心理指导 |
| 127 | 提供更多的就业信息和就业渠道 |
| 128 | 提供更多的就业指导内容 |
| 129 | 提供更多的实习机会 |
| 130 | 提供更多的实习机会，更多的就业信息 |
| 131 | 提供更多的实习机会和专业指导 |
| 132 | 提供更多的实习就业机会 |
| 133 | 提供更多的实用就业信息 |
| 134 | 提供更多的相关实习和实践机会，帮助学生认识自己，以便在今后的就业中能更好定位 |

○ **附录 4** 基于 SPSS 统计软件对高校毕业班学生填写的调研问卷分析

续表

| | |
|---|---|
| 135 | 提供更多的招聘信息和就业机会 |
| 136 | 提供更多的职业指导讲座；就业指导网站信息更丰富 |
| 137 | 提供更多的指导，使学生了解更多的就业市场需求 |
| 138 | 提供更多个性化就业指导服务，加强就业政策的宣传，扩大学校的影响力 |
| 139 | 提供更多实习机会 |
| 140 | 提供更多与专业相关的就业形势分析；提供应聘培训 |
| 141 | 提供更全面的就业信息和更多的实习机会；做好职业规划教育 |
| 142 | 提供更为广泛的就业信息渠道；提高大学生的自身素质和技能 |
| 143 | 提供就业或实习实践经验；提供创业基金，为毕业生提供机会；锻炼自身能力，树立信心 |
| 144 | 提供就业实习机会；及时提供就业信息使学生了解职场需求结果；开设职业规划指导课程 |
| 145 | 提供就业形势指导、更多的实习机会、职业生涯规划和就业心理指导 |
| 146 | 提供模拟就业招聘面试 |
| 147 | 提供实习机会 |
| 148 | 提供适当的实习机会，使理论和实践得到好的结合 |
| 149 | 提供优质的就业机会 |
| 150 | 提供针对面试的课程，提高学生的面试技巧 |
| 151 | 提供职业技术能力培训；帮助同学发现自己的特长、兴趣和爱好；帮助同学进入自己感兴趣的企业实习；帮助自主创业的同学分析社会的发展趋势 |
| 152 | 提供专业的就业指导及职业生涯规划指导 |
| 153 | 提供专业实践的机会 |
| 154 | 完善各项就业政策，建立校企合作的长期关系 |
| 155 | 完善专业划分 |
| 156 | 希望本校能够与更多的用人单位建立联系，推荐更多的毕业生就业 |
| 157 | 希望多提供就业实习的机会 |
| 158 | 希望高校就业指导中心能够从明确学生的爱好出发，本着能力优先的原则，帮助学生正确选择合适的工作 |
| 159 | 希望就业处的工作人员能及时提供和发布相关就业信息，并能设身处地为学生考虑和做好工作 |
| 160 | 希望就业指导的内容更广泛，多例举不同的结果及问题解决办法 |

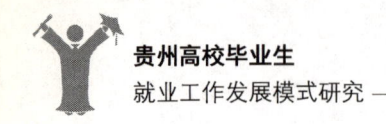

续表

| | |
|---|---|
| 161 | 希望能在大三进行就业指导，并且提供一对一的指导 |
| 162 | 希望提供更多的就业信息 |
| 163 | 希望学校多提供实习机会 |
| 164 | 希望学校能够为在校大学生提供一定的实习机会 |
| 165 | 希望有更多的专业指导老师帮助学生了解就业趋势 |
| 166 | 校企合作，增加学生见习机会，提升专业技能 |
| 167 | 宣讲相关签约时应注意事项，普及劳动法知识，使学生能够运用法律来保护自己的合法权益 |
| 168 | 学校多同用人单位建立联系，提供更多的相关就业信息 |
| 169 | 学校加强与企业的精密联系，促进交流沟通，学校应根据市场需求来设置专业 |
| 170 | 学校应提高整体竞争优势，吸引更多的企业合作 |
| 171 | 学校主动加强与企业的紧密联系，及时为学生提供企业的需求信息 |
| 172 | 以学生为中心，就业指导工作应考虑学生的实际需求进行相应调整，面对出现的问题应及时解决 |
| 173 | 引导学生树立正确的就业观；加强做好学生职业培训及就业服务 |
| 174 | 引入更多优秀企业 |
| 175 | 应多些实习机会 |
| 176 | 应更多地帮助学生了解自己，以及自己所学专业，提早树立目标 |
| 177 | 与学生多交流，多宣传 |
| 178 | 在大一时应该提供就业指导，帮助学生明确以后的就业方向 |
| 179 | 在校期间培养学生的动手和独立思考能力；帮助学生了解社会的就业形势及方向；提供尽量多的就业信息；做好学生的咨询解答工作 |
| 180 | 增强就业规划指导 |
| 181 | 针对毕业生的迷茫和困惑进行指导、帮助 |
| 182 | 针对不同专业，讲解本专业的就业方向，就业结果；提高学生的就业心理素质和工作能力；组织模拟招聘 |
| 183 | 针对各专业特点，提供相应的就业指导 |
| 184 | 争取更多、更好的企业进行招聘 |
| 185 | 指导工作的开展时间要早，多提供好的单位的信息 |
| 186 | 主动加强与学生的交流和沟通 |
| 187 | 主动加强与学生间的沟通交流 |

## 附录 4　基于 SPSS 统计软件对高校毕业班学生填写的调研问卷分析

续表

| | |
|---|---|
| 188 | 主动加强与学生间的交流、沟通，加大就业信息的宣传力度 |
| 189 | 注重培养学生的综合技能，多引进知名企业的成功人士在校指导就业讲座；高校与企业建立实习基地，保证学生在毕业前接受良好的实践训练和企业文化熏陶 |
| 190 | 注重知识传播和实践训练，加强就业指导和心理辅导 |
| 191 | 专业老师提供学生一些针对性的建议，多提供就业实践的机会 |
| 192 | 转变行政观念，理顺政府、社会、高校和毕业生各方面的关系；加强政策宣讲，强化大学生的就业观念和职业道德教育 |
| 193 | 着重培养学生的专业技能 |
| 194 | 组织学生进行毕业前的就业指导，加强就业辅导，更注重就业信息的发布 |